K.G. りぶれっと No. 36

教育相談基礎論
学校での教育相談活動の方法と実際

西川隆蔵 ［著］

関西学院大学出版会

は じ め に

　今日、学校では、いじめ、いじめによる自殺、学級崩壊、学校内での破壊的・攻撃的な行動、反社会的行動、非行、無気力や引きこもり、高校生の中途退学など、種々さまざまな課題や問題をもつ生徒が増加している。また児童期・青年期にある生徒は、心身の両面において急激な成長変化の時期にあるので、学校や家庭での生活に適応している生徒であっても一時的な悩みや葛藤をもつものである。こうした何らかの課題や問題をもって不適応に陥っている生徒に適切に関わり、指導をするとともに、一人一人の生徒が人として積極的・意欲的に学校生活を送り、心理的に健康に成長できるように働きかけるという学校教育の役割を考えると、学校での教育相談活動の意義は非常に大きなものになっているといえる。

　学校での教育相談は、教師が学校で行う教育実践として位置づけられるものであるが、その対象は児童生徒のみならず、保護者、教員とさまざまであり、またその内容も多岐にわたり、心理的要因、身体的要因、社会的要因などさまざまな要因が複雑に絡んだものが多いだけに、さまざまな視点から問題を理解し、指導や問題解決に向けての手立てを考える力が求められる。

　本書はこのような状況を鑑み、これから教師になろうとする学生だけでなく、児童生徒の指導援助に取り組んでいる教師を対象として、実践の場での応用に資する基本的な知識や考え方を解説したものである。教育実践の場での創意あふれた取り組みへとつながるべく、お役に立てれば幸いである。

目 次

はじめに 3

第1章 学校での教育相談活動 7
　　1　学校教育相談とは　7
　　2　生徒指導と教育相談　9
　　3　学校教育相談の担い手　11
　Column1　教育相談体制の構築　16

第2章 学校での心理的援助活動の基本 17
　　1　治すことより、育てること　17
　　2　関係を通しての相談援助活動　20
　　3　未来志向としての教育相談　22
　Column2　人間関係の良き実践　ロゴス機能とエロス機能の調和　24

第3章 問題理解の視点　心理臨床における問題理解 25
　　1　さまざまな視点からの全体的理解の必要性　25
　　2　発達的理解　26
　　3　共感的理解と診断的理解　28
　　4　精神力動論的理解　31
　　5　対処行動としての問題行動の理解　34
　　6　問題発生にからむ関係性、文脈の理解　35
　Column3　対処行動としての「防衛機制」　38

第4章 心理的援助活動の方法 39
　　1　介入に先立つ判断や評価　39
　　2　カウンセリングによる介入の実際　41
　　3　行動変容のプログラムを考える　行動レベルでのアプローチ　46
　　4　家庭との連携　54
　Column4　言語化の効用 1　56

第5章　生徒との日常的なトラブルへの対応...57
　　　1　教師が陥りやすいコミュニケーション上の問題　57
　　　2　学校場面における問題行動の消長に寄与する教師側の要因　62
　　　3　生徒と接していて自分の気持ちを正直に受けとめること　63
　　　4　「私メッセージ」での関わり　64
　　　5　反抗の中にプラスの面を見いだす　64
　　Column5　児童期・青年期の問題行動、症例から示唆されること　65

第6章　発達障害への教育的支援...67
　　　1　発達障害の諸相　67
　　　2　知能発達検査　70
　　　3　学校の体制として注意すべき視点　71
　　　4　生活の場における発達障害と関係性の問題　73
　　Column6　言語化の効用2　76

第7章　不登校・ひきこもりへの支援..77
　　　1　症状としての不登校という考え方　77
　　　2　不登校の定義と類型　78
　　　3　不登校の経過・予後、および対応　79
　　　4　ひきこもり（社会的ひきこもり）への支援　82

第8章　いじめへの対応..85
　　　1　現代のいじめの特質　85
　　　2　いじめを受けているときの状態　87
　　　3　いじめ対応の基本　90
　　　4　日常の関わりが基本ということ　94

第1章　学校での教育相談活動

1　学校教育相談とは

　学校教育相談は、生徒の適応上の問題に関し、教師が本人、保護者、または教師などと面接し、相談・援助・助言する教育実践活動である。またその目的は生徒のそれぞれの発達に即した心理的援助を行い、パーソナリティ（人格）の成長を目指すことにある（表1-1）。ただ子どもを取り巻く社会や家庭環境の変化は、生徒個々の学校生活にも影響を及ぼしており、不適応に陥ったり問題行動を示す生徒も増加している現状では、図1-1に示すように、その活動の守備範囲は広いといえる。特に不適応をきたす生徒を援助するために、教育相談活動では心理学諸領域の理論、とりわけ臨床心理学の理論や技法、あるいは人間観を取り入れようとしてきたのである。

　学校教育相談の特質はまず第1に早期発見・早期対応が可能であるということである。教師は日ごろから生徒と同じ場で生活しているので、生徒を観察し、家庭環境や成績など多くの情報を得ることができ、問題が大きくなる前にいち早く気づくことができる。専門機関のように本人や親が相談に来るのを待つのではなく、小さな兆候（サイン）をとらえてケースに応じて適切に対応し、早期に対応することが可能である。第2の特質は、援助資源を豊富に活用できることである。学校には、学級担任・ホームルーム担任をはじめ、教育相談担当教員、養護教諭、生徒指導主事、スクールカウンセラーなどさまざまな立場の教職員がいることである。校

長、教頭は管理職ならではの指導・支援ができる。専科教員や授業担当者、部活動の顧問は日常の観察やきめ細かい関わりが可能である。最近ではスクールソーシャルワーカーといった外部人材（非常勤職員）も配置され始め、社会福祉的な視点からの見立てや支援も可能になっている。このように、学校では1人の生徒や親をめぐってさまざまな教職員が多様な関わりをもつことができ、特に日常の学校生活の中で生徒の良いところを認め励ますことによって生徒を支えていくことができるのである。第3の特質は連携がとりやすいことである。学校の内部においては、上記のようにさまざまな教職員がいて連携をとることができ、また外部との連携においても、学校という立場から連携がとりやすい。相談機関、医療機関、児童相談所等の福祉機関、警察等の刑事司法関係の機関などとの連携は、困難な問題の解決に欠かすことができない。たとえば、教育相談の中で発達障害の可能性に気づいた場合には、専門家と連携することで、早期に対応が可能となる。学校では、これら関係機関との日ごろからの連携体制づくりが重要となる。

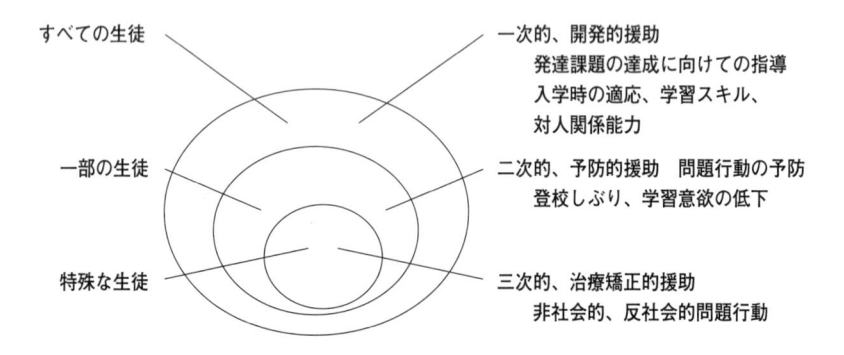

図1-1　学校での教育的・心理的援助活動の諸相

表 1-1　文科省生徒指導提要における教育相談

　中学校学習指導要領解説（特別活動編）によれば、「教育相談は、一人一人の生徒の教育上の問題について、本人又はその親などに、その望ましい在り方を助言することである。その方法としては、1対1の相談活動に限定することなく、すべての教師が生徒に接するあらゆる機会をとらえ、あらゆる教育活動の実践の中に生かし、教育相談的な配慮をすることが大切である。」とされています。

　すなわち、教育相談は、児童生徒それぞれの発達に即して、好ましい人間関係を育て、生活によく適応させ、自己理解を深めさせ、人格の成長への援助を図るものであり、決して特定の教員だけが行う性質のものではなく、相談室だけで行われるものでもありません。

　これら教育相談の目的を実現するためには、発達心理学や認知心理学、学校心理学などの理論と実践に学ぶことも大切です。また、学校は教育相談の実施に際して、計画的、組織的に情報提供や案内、説明を行い、実践することが必要となります。

文部科学省　生徒指導提要（2010）より

2　生徒指導と教育相談

　学校現場では、生徒指導の立場から、教育相談活動が生徒を甘やかすだけだという批判がなされたり、生徒指導との間に対立が生じることもあった。生徒が校則違反をしたり、社会的な決まりを守らなかったり、逸脱行動や不適切な言動などがあった場合、教師は生徒に注意や指導を行い、ときには処罰しなければならないことはいうまでもない。一般的にこのような役割を、生徒指導とよんできたが、このような活動は表1-2、表1-3に示すように、その役割や対応において教育相談とは相容れない対立的側面をもつものである。一方教育相談は個別的な働きかけを中心として、生徒理解を重視するし、その対応では共感、受容といった母性的機能が大切になる場合もある。それに対して生徒指導は善悪を教え、不適切な行動は制限し、必要ならば処罰するという父性的機能が欠かせない。ここに狭義の意味での生徒指導とは異なる教育相談活動の特質があるといえるが、本来

の生徒指導（広義）の意味からすると、母性的機能と父性的機能の両者が必要であり、2つの機能は対立や矛盾を抱えてはいるけれども、相互が補い合い、統合されねばならないものなのである（図1-2）。

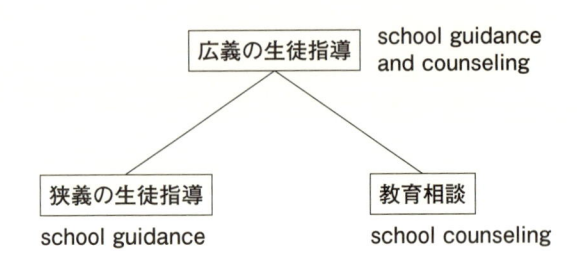

```
              広義の生徒指導    school guidance
                              and counseling
              /            \
       狭義の生徒指導        教育相談
       school guidance    school counseling
```

図1-2　生徒指導と教育相談の関係

表1-2　文科省生徒指導提要での生徒指導と教育相談

　他方で、生徒指導は、一人一人の児童生徒の人格を尊重し、個性の伸長を図りながら、社会的資質や行動力を高めることを目指して行われる教育活動のこととされます。そのことは、「教師と生徒の信頼関係及び生徒相互の好ましい人間関係を育てるとともに生徒理解を深め、生徒が自主的に判断、行動し積極的に自己を生かしていくことができるよう」指導・援助することでもあります（学習指導要領第1章総則の第4の2の(3)）。
　教育相談と生徒指導の相違点としては、教育相談は主に個に焦点を当て、面接や演習を通して個の内面の変容を図ろうとするのに対して、生徒指導は主に集団に焦点を当て、行事や特別活動などにおいて、集団としての成果や変容を目指し、結果として個の変容に至るところにあります。
　児童生徒の問題行動に対する指導や、学校・学級の集団全体の安全を守るために管理や指導を行う部分は生徒指導の領域である一方、指導を受けた児童生徒にそのことを自分の課題として受け止めさせ、問題がどこにあるのか、今後どのように行動すべきかを主体的に考え、行動につなげるようにするには、教育相談における面接の技法や、発達心理学、臨床心理学の知見が、指導の効果を高める上でも重要な役割を果たし得ます。
　このように教育相談と生徒指導は重なるところも多くありますが、教育相談は、生徒指導の一環として位置付けられるものであり、その中心的な役割を担うものといえます。

文部科学省　生徒指導提要（2010）より抜粋

表 1-3 「生徒指導的役割」と「教育相談」(菅野, 1995 を修正)

	生徒指導的役割	教育相談活動
役割	しつけ不十分な子、人の迷惑がわからない子など、いわゆる社会的行動の未学習な生徒に現実原則に基づく行動のあり方を教えていく。教師は、生徒の校則違反や約束違反、逸脱行為、不適切な言葉遣いなどを軽視せず、それらへの指導を通して、生徒の人格の育成を図るべきだと考える。	緊張や不安の強い子など、心理的不適応問題を抱える子ども、生徒への心理的援助活動を行う。子どもの表面的な行動にとらわれることなく、背景にあるその子の資質や生育歴、家庭環境などを把握し、問題行動の意味(そうならざるをえなかったのはなぜか？、など)を明らかにしていく「生徒理解」を重視する。
対象	全校生徒を対象とする。個々の生徒への取り組みばかりでなく、生徒集団を対象とした指導を行う。	特殊な問題をもつ生徒を対象とする個別的な働きかけが中心である。
対応	緊急な問題へ迅速に処する。即効性を求める。指導の際には、教師側のチームワークや結束を必要とする。地域社会との連携を重視する。	「人は頭でわかっていても、行動に移せないことがある」ことをふまえ、注意や説教といった働きかけよりも、自己洞察や自己成長が生徒の内面からわき起こるような働きかけを心がける。表面的行動の解決にとどまらず、その子の資質や生育歴、家庭状況などからくる固有の問題に取り組もうとするため、時間がかかることが多い。生徒(保護者)と相談担当者の2者関係で進めることが多い。

3 学校教育相談の担い手

(1) 担任による教育相談

①児童生徒の問題の早期発見と対応

生徒の問題に早く気がつき、適切な対応をすることは、担任にしかできない学校教育相談の重要な役割であるが、たとえば学校緘黙(かんもく)のように、学級という集団において顕在化することの多い問題行動や不適応に対して、

実際にどのように指導や援助を進めていけば良いのかといったことについて学んでいかなければならない。また、同年齢の生徒で構成された学級を受けもっていることからすると、その年齢で期待される平均的な行動や成長のスタンダードから、生徒の状態を理解する力が必要である。

②相談内容による限界設定

担任として相談にあたる場合は、課題や問題をもったすべての生徒へ対応ができるわけではない。不適応や問題行動をもつ生徒の中には、教師だけでは指導や援助が困難であり、精神科医、小児科医、スクール・カウンセラー、臨床心理士といった学内や学外の専門家による治療やカウンセリングが必要な者も少なくない。しかし、そのような生徒もクラスの一員であり、主な生活の場は学校にあるので、教師はこうした専門家と連携して学校での教育に責任をもってあたらなければならない。特にカウンセリング的な対応を考えるうえでは、「長く続けられるかどうか」「腹の底からその生徒のことをわかろうとしているかどうか」といったことを自分のおかれている立場や役割から考えてみることも必要になるし、また限界設定として、できないということを自分が受け入れることができるかどうかも大切な視点となる（桑原, 1999）。

③保護者への対応

子どもは、家族関係、親子のコミュニケーションのありように強く影響されるので、保護者への対応は重要な役割を果たしている。その際、担任は、まず保護者のそれまでの努力を労うことが大切である。担任からすれば保護者の養育がどのように不適切なものに思われようとも、親にすれば精一杯の努力をしてきたものかもしれないし、自分の子どもの問題に対して少なからず責任、罪責感を感じていたりするものである。担任は、数年間という期間の限定された関わりであるが、親と子どもの関わりは一生続くものであること、そのためにも担任は保護者の意向や決定を尊重することが求められる。

④活動の振り返りと引き継ぎ

通常、担任期間には限定があるため、教育相談活動の成果が出ないまま

担任期間の終わりを迎えたり、時には無力感に陥ることもある。たとえば不登校の生徒へ熱心に関わっても、再登校には至らず、担任を替わらなければならないこともある。そのような場合に、再登校できたかどうかだけにこだわらず、登校できなかったとしても、明るくなった、外出するようになった、熱中するものができたといったように、その生徒の生活全体をながめて細かな変化に目を向けることが大切である。また担任を替わる場合、次の担任への引き継ぎをしなければならない。どのような生徒であり、どのような関わりをし、どのように変化し、次の課題は何かといったように、それまでの指導や援助をまとめ、次の担任に伝えるのである。それまでの関わりを振り返ることで、そこに新しい気づきや学びも生まれるのである。

(2) 教育相談担当者の役割
①担任へのサポート

教育相談担当、あるいは学校コーディネーターとよばれる教師の大切な役割は、日々生徒への指導や援助に取り組んで苦労している担任をサポートし、良き助言者になることである。そのため、生徒や親、担任、さらにそこでの関係（直面している問題）をよく理解し、担任の役に立つような助言・コンサルテーションをすることが求められる。たとえば、担任が行っている相談内容をある程度把握することで、生徒のもつ問題や課題を理解し、必要があれば、担任だけでの対応が困難であるか否かの判断を行うことになる。担任への助言、コンサルテーションにおいて大切なことは、その担任のエンパワーメントであり、方法論的アドバイスに偏ったものになったり、相談に対する危惧や不要な心配を助長するものであってはならない。

②援助的学校システムの構築

精神科医、小児科医といった学校外の専門家、専門機関、あるいは生徒と関わる学内の養護教諭をはじめとする教職員、スクール・カウンセラーといった人たちへの協力を要請し、相談体制を作り上げる役割を担うこと

になる。生徒が専門家の治療やカウンセリングを受けている場合は、常時、専門家と連絡をとりながら、助言を受け、その生徒に応じた指導や援助を担任とともに工夫していくことになる。このようなことから、教育相談担当の教師は、臨床心理学、カウンセリング、精神医学などについて基礎的知識を備えていることが求められる。

　教職員間の連携を組織化するうえでは、教職員の生徒指導・教育相談の力量を把握することが必要であり、組織化のためのキーマンとして細かな打ち合わせなどの場所・時間を提供することが大切である（吉川, 1998）。その他、保護者を対象としたコンサルテーションを行うことも仕事の1つであるし、臨床心理士など他の専門家を講師に招いての校内事例検討会を行うことも大切な役割といえる。

(3) 養護教諭の役割

　養護教諭はさまざまな役割を重複して期待される存在で、医療的な援助や情報の窓口としての役割のみならず、母親的な意味での保護的な役割や、教職員の相談のコンサルタント的役割などもある。身体的な問題への対応が中心的課題となるように思われがちであるが、近年、いじめ、登校拒否、性の逸脱行動、薬物乱用などの問題行動の増加により、非社会的、あるいは反社会的不適応生徒への対応が増えている。彼らにすれば養護教諭が唯一の理解者に、保健室が唯一の居場所になる可能性を期待されることも少なくない。

　保健室を訪れる生徒の中には、最初は身体面での訴えで来室しても、しだいに学習面、友人関係、家庭事情などの悩み、問題へと訴えが拡がる者も相当数いる。また内的な悩みや葛藤を言葉で表現せずに、身体的な不調として訴えている場合も少なくない。さらに登校してきても授業には出席せずに、保健室で時を過ごすいわゆる「保健室登校」という現象も目立ってきている。このように保健室は家庭と教室との中間にある「心の居場所」であり、児童生徒にとって、安らぎの場、1人でいてもおかしくない場、クラスの枠を超えて交われる場、評価されずに話ができる場として機能し

ている。そして心の問題の予防と早期発見の場として、養護教諭は児童生徒の悩みに耳を傾け、身体的不調の背景に目を向けることで、生徒の発するさまざまなサインに気づくことが大切になる。

　保健室では、生徒は学校の教職員やクラスの友人だけでなく、親にも見せない自分の内面を表出することもあるだけに、彼らには慎重に対応しなければならない。また内容によっては担任に話しづらいこともあり、個別に援助しなければならないこともある。そして、それぞれの担任の活動を直接的に援助しうる立場であるがゆえに、個々の事例ごとの役割分担として、父性的役割と母性的役割のそれぞれを使いこなす必要が出てくる。もちろん、養護教諭という立場は、その活動が学校システムの中で特別なものであると認識されることが多いため、担う役割は多様である。むしろ、個々の養護教諭の持ち味がそこに活かされることで活動は効果的となるが、その場合も他の教職員との連携を図りつつ、コンセンサスづくりの場に積極的に参加することが必要になってくる。

(4) スクール・カウンセラー

　学校内で生徒の心の支援、ならびに生徒に関わる保護者や教師の援助を行う専門家である。具体的には、生徒への直接的援助（カウンセリング、居場所づくり、心理的アセスメント）、教師への援助（コンサルテーション、専門機関への橋渡し、研修活動）、保護者への援助（カウンセリング、ガイダンス、保護者の会の運営、専門機関の紹介）、啓蒙活動（講演会の企画、運営など）、学校の援助体制の構築といったことである。

　最大の特徴は、カウンセラーが外部から派遣された心の専門家として、たとえば相談面接では、決められた枠の中で、つまり、一定の時間、校内の特定の場所で心理的援助活動を行うことができるという点にある。このことにより生徒、保護者、あるいは教員は安心して問題解決に取り組むことができ、特に児童・生徒にとっては、この安心できる関係によって、自由な自己表現や感情の交流が保障されることになり、そのことが心理的成長や問題解決へとつながっていくのである。

Column1　教育相談体制の構築

✓体制づくりの前提

　教育相談の機能が発揮されている状態とはどのようなものであろうか。たとえば、教師が児童生徒に寄り添い、向き合い、その個性を活かす関係が保たれている状態は、その1つといえるだろう。こうした機能が発揮されるためには、生徒指導の中での教育相談体制づくりの前提として、教師が児童生徒一人一人と向き合うことが可能となるような時間の確保とそのための条件整備が求められる。条件整備のためには、教師の勤務体制の改善や校務運営の見直し、事務的作業に要する業務量の削減や多忙感の軽減とゆとりの確保などを行っていく必要がある。

　これらの条件整備は、教育行政の具体的施策が必要なもの、校長のリーダーシップのもと、全教職員が一体となって取り組むべきもの、教師一人一人の努力が求められるものなどに分かれる。特に、教師一人一人のゆとりの確保は、いわゆる燃え尽き予防の観点からも重要で、それだけに養護教諭やスクールカウンセラーのコンサルテーション的役割は大きなものがあるといえよう。

✓体制づくりの意義

　教育相談は、学校生活において児童生徒と接する教師にとっての不可欠な業務であり、学校における基盤的な機能の1つといえる。教育相談の機能が発揮されるためには、学校が一体となって対応することができる校内体制を構築し、かつ、整備していくことが必要であり、何よりも、教育相談に対する教師一人一人の意識を高めていくことが重要となる。

　近年の急激な社会変動の中、家庭や地域の教育力、教育機能が低下しているといわれ、児童生徒の抱える問題が多様化し、深刻化する傾向がみられる。たとえば、身体的な悩みや性格、友人関係、学業成績や部活動、将来の進路、家庭生活に関すること、さらにはネットや携帯電話を介したいじめやトラブルなど、実にさまざまな悩みを抱えて、児童生徒は学校生活を過ごしている。

　こうした児童生徒の抱える悩みを見過ごすことなく、できるだけ早期に発見し、悩みが深刻化しないように助言（アドバイス）や声かけを組織的に行う体制を学校全体でつくることが大切である。もちろん、教育相談体制を構築、整備するにあたっては、家庭や地域の協力、各方面の専門家や専門機関との連携が不可欠である。

　また、これからの教育相談は、相談室での個別面接だけでなく、特別支援教育などと連動して児童生徒の個別ニーズに即応できるように、さまざまな相談形態や相談方法の選択肢を複数用意して、多様な視点で、きめ細かく支援することができる体制を総合的に構築していくことが求められる。

第2章 学校での心理的援助活動の基本

1 治すことより、育てること

(1) 治療モデルと成長モデル

　心理的な援助活動の基本的な立場として、治療モデルと育てるモデルの2つをあげることができる。治療モデルとは主として、外部治療機関・施設での援助モデルであり、悪いところ、不具合の部分を治すためにさまざまな処方により介入していくものである。一方、育てるモデルとは人間のもつ自然治癒力や自助の力に注目して、問題解決に向けて、それらの力を育て、活性化することを第一に考えるものである。

　治すのか、育てるのか、実際においては、この2つのモデルの明確な区別は難しいかもしれないが、教育実践の場では基本的には、現在や未来を重視した「育てる」視点をもつことが望ましく、不具合、症状の軽減が必ずしも援助の目的とはならないことを認識しておく必要がある。たとえば、クラスに不登校の生徒がいたとすると、生徒が育っていくことが重要なのであり、登校するということは必ずしもその最終的な目標ではないかもしれない。一般的には、その生徒が学校に出てきて授業を受けるということが最終的な目標と考えることが多いが、本当にその生徒の人生にとって、その時点で学校に行くことが最良であるかどうかは実際にはわからない。その時点ではその生徒にとっては学校を休んでおくことが最良の選択かもしれない。十分休んで、甘えの体験を積んで、その後に大きく成長するかもしれない。そしてその結果として学校に来るようになるかもしれな

い。つまり、不登校という問題にかぎらず、常に「育てる」という視点から生徒を理解しようとする姿勢が重要だといえよう。

(2) 相談活動の3つの要素

　心理的援助活動においての基本的な要素を示したのが図2-1である。第1の要素が問題解決に取り組む主体a（被援助者）であり、第2の要素が抱える環境b、すなわち被援助者と援助者をはじめとする外側世界との関係である。援助者は主体aの活動を助ける働きをするもので、専門家でなければならないというのではなく、必要なのは利他の姿勢をもっていることである。第3の要素が援助者からの指導c、助言cなどである。すでに述べたように、人には意識されているいないにかかわらず、自然治癒力や自助能力があり、大切なことはその問題解決の主体aの悩む力、問題を抱える力を支えて、活性化することである。したがって、自己実現を目指すにせよ、現実適応を目指すにせよ、いかに悩むか、いかに苦しみと直面するかということが大切になる。援助や治療というものは、生体にあらかじめ具わっている闘う力や治癒力、主体性を前提にしているのであって、悩み苦しむ生徒がいるとすると、その姿の中に、単なる受け身の苦痛体験でない悩みであるとか、苦しむ能力と意欲の表れを察知したら、苦痛を除去

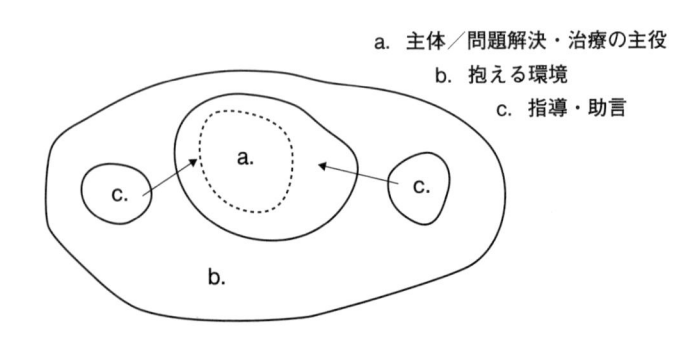

a. 主体／問題解決・治療の主役
b. 抱える環境
c. 指導・助言

図2-1　相談援助活動の3つの要素（神田橋, 1990を修正）

する援助よりも、悩み苦しむ能力を尊重し、活用する援助姿勢をとるほうが適切であることのほうが多い。さらに指導や助言は外部から与えられる異物と考えてみることも必要である。援助者にとっては重要なモノに思えても与えられる側にとっては外部からの異物であり、それが真に役立つものなのかどうか、与えるにせよ、その内容、時期といったことについて慎重に考えなければならない。

(3) 仕事としての「引き出す・妨げない・障害を取り除く・学ばせる」

自発的に援助を求めてくる場合、それは現状からの離脱を切望してきていると考えることができる。それらが訴えに集約されているのであり、そこに解決への意欲や能力が露呈されているともいえる（神田橋, 1990）。そこで、援助活動ではそれを引き出す、あるいは妨げないことが大切である。またある活動から手を引いたり、休むことが必要なのに、それができない状況、事情がある場合には、その状況、事情を障害として、それを取り除く援助が大切になる。図2-2に示すように解決意欲のない生徒には、意欲を引き出す→妨げない→障害を取り除くといった方向性が考えられ、自ら相談にきた生徒には、悩むことを妨げない→引き出す→障害を取り除くといった方向が考えられることになる。さらに問題解決に必要な能力やスキルを学ばせるということになれば、それはまさに異物cを与える働きかけということになる。

```
a. 生徒の意欲と能力を妨げない
         ↓
b. 生徒の意欲と能力を引き出す
         ↓
c. 生徒の障害を取り除く
         ↓
d. 生徒に能力とスキルを植えつける
```

図2-2　小援助から大援助

2　関係を通しての相談援助活動

(1)「個対個」の関係と「個と個」の関係

　教師は自分の技量が直接的に生徒個々に影響を与えて、生徒に変化をもたらすと考えがちであるが、そのような「個対個」という視点にとらわれず、教師と生徒との関係の中で、生徒個々の変化が生じるという「個と個の関係」にも関心をもつ必要がある。

　関係は教師と生徒との相互作用によって規定されるもので、教師がたとえ社交的な人間であるとしても、またそのように関わったとしても、その教師が1人の生徒ととり結ぶ関係は、その生徒の状態や性格、背景によってずいぶん異なるものになる。

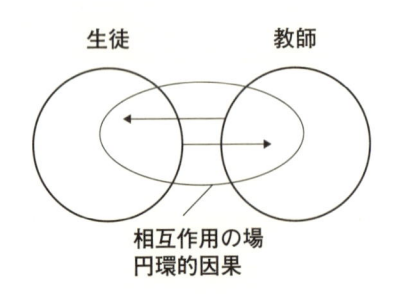

図 2-3　指導・援助が成立する基盤

(2) 育てる援助、発達援助のための姿勢

　日常の学校活動における教師による教育相談的関わりにおいて重要な目標となるのは発達援助であり、先に述べたように「育てる」という視点が欠かせない。「育てる」という視点からは以下のようなことが重要である。

①個性の尊重

　生徒のものの考え方、感じ方は千差万別で、このような個性に配慮する

ことなしに、教師は個々の生徒の気持ちを理解することはできない。生徒にとっては個性の部分まで含めて自分が教師に受け入れられている、理解されていると実感することが生きる力を支えるものとなる。

②成長は行きつ戻りつの過程という認識

発達は決して直線的に右肩上がりで一方向的に進む過程ではない。逆戻りすることや行きつ戻りつすることもあることを認識している必要がある。発達の途中で一時悪化と思えるような現象も起こりうるし、そのことが重要な意味をもつこともある。

③教師自身の自己点検

生徒の行動をながめるとき、そのまなざし、理解の枠組みが社会的規範に照らしての行動の当否の判断に傾きすぎてはいないかと考えてみる必要がある。また生徒の姿の中で、教師が「悪しきモノ」として削り取ろうとするものが、実は教師自身にとって受け入れがたいものであることもある。無自覚のうちに生徒への特定の行動の型の強要とそのチェックに傾くと、それは単なる一定の価値観のもとでの管理となり、生徒の個性を殺すことになりやすい。

④多くの側面からの全体的な理解

生徒指導や教育相談では、どうしても生徒の問題部分に目がいきやすいが、生活全体をながめることで長所や能力、関心事を探すことが大切である。生活、あるいはパーソナリティ全体を視野に入れることで、生徒の欠

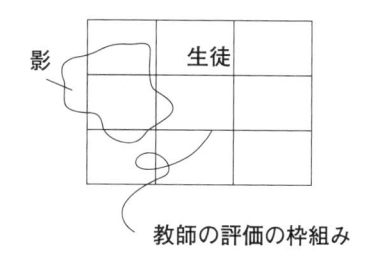

図2-4 生徒の個性と評価の枠組み

点、問題といわれているところも、違った価値や意味が見いだされる場合もある。問題とされる行動もそれが発生する状況や文脈をていねいにながめていくと、生徒がおかれている関係や集団の中に解決の糸口が見つかる場合もある。

⑤継続すること

人が他者を信頼する、あるいは信頼してもらうまでには、多くの時間を要する。「育つ」ということにも多くの時間が必要である。つまり「育てる」という立場からの援助は関わりを長い期間にわたって継続していくことが必要なのである。生徒が教師を信頼して、新しい世界に足を踏み出そうとする勇気や意欲をもつようになるには、教師にも生徒にも相応の時間とエネルギーが必要となる。

3 未来志向としての教育相談

(1) 因果論にとらわれない

一般的に問題解決に取り組む場合、私たちはまず問題は何か、原因はどこにあるかと考え、次にどのようにして、なぜそうした問題が起こるようになったかを解明しようとする。これは私たちが子どもの頃から自然に身につけてきた因果論的な理解のあり方であるが、ややもすると原因究明に奔走するだけになって、何の変化も生じないという事態に陥りやすい。

心理的に不適応な行動や問題は、多くの身体疾患とは異なり、特定の原因に対応して、1対1の関係で生じるものではない。したがって原因探しへの没頭は、人を第三者的な評論家にしてしまい、当人との肝心な関わりをなくし、問題解決のための関わりがそこから抜け落ちてしまうことになりやすい。現状についての因果関係を明らかにすることが教育相談の直接的な目的ではないし、原因を除去するための原因探しに汲々となることで状態をさらに悪化させる場合が少なくない。過去を問うことは誤りではないが、それはこれからの問題解決に向けての情報収集であって、問題を抱え、悩んでいることが次の新たな進歩へつながるという展望がもてるよう

に援助することが大切である。

(2) より良き未来の実現を目指す

一般的に「問題解決」というと、それは「問題のない状態」をさすことになるが、心理的援助や指導は必ずしも「問題のない状態」を目標としているわけではない。またWHOによる「健康」の定義にもあるように、健康や幸福という状態が単に病気や疾患、障害のないことを意味するのではなく、「問題のない状態」が一義的に好ましい状態というわけでもない。それでは何をもって援助の目的とするかであるが、たとえば障害を抱えた人の場合を例にすると、その障害の除去や低減だけが目的ではなく、その障害を抱えながら将来の現実適応を図っていけることが援助の目的となる。つまり、「解決」というとき、それは「より良き未来の実現」のことが援助の目的でもあり、決して現在の「問題」を起点として「解決」を描くだけのものでもない。「解決」は「問題」と切り離してそれ単独でも構築しうるものでもある（宮田, 1998）。

そこでは問題発見、原因追究に焦点を当てるのではなく、「どうなりたいのか」「どうなればいいのか」「どうなっているのか」といった解決や未来に焦点を当てること、未来の解決像を構築していくことになる。

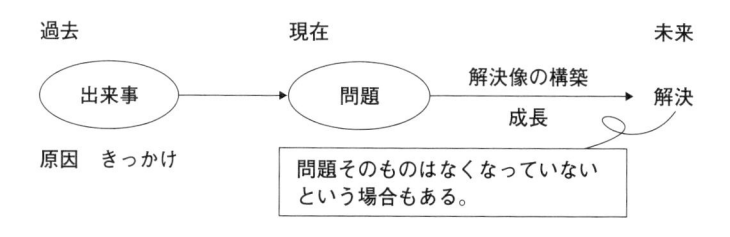

図2-5　未来に向けての解決像の構築

Column2　人間関係の良き実践　ロゴス機能とエロス機能の調和

　教師は児童生徒の個々の心情、性格と向き合いながら、普遍者と個別者の2つの役割を適正に実現していくことが期待されている。つまり、教師は社会的性格を実現する普遍者であり、かつ教師である前に1人の人間としての個別者でもあるからである。下の図に示すように、普遍者としての教師は、いわばロゴス的機能として、規範的で全体調和を維持するリーダーシップの役割が課せられ、心理学的には父性的な役割を果たすことになる。それに対して、個別者としての教師は、エロス的機能として、児童生徒の個別心情を斟酌して保護的ケア的な関係を保つ母性的な役割を果たすことになる。これらは相反する二面性であるが、教師としての良き実践とは、これらが状況に応じて相手に即して発揮される関与のスタイルであるといえる。教師としての普遍者だけを全面に現して個性を隠蔽していては、堅苦しい融通の利かない立法的な教師になってしまう。反面、個性だけで勝負している人は一部の生徒にはおもしろい教師であったり優しい先生であってもその他大勢には教師然とした規範がなく尊敬の対象にならない。

　このような状況では、内面的にはそれらの対立・葛藤を含みつつも、自分の中の個人の部分と教師という専門家の部分を分けて意識できていることで、指導が混乱しなくてすむかもしれない。「私は」と発言する前に、「個人としての私は」、「教師としての私」と心の中で、つぶやいてみるのである。要はどちらか1つの機能を体現することではなくて、生徒一人一人の性格に応じて教師が個別者的側面と普遍者的側面をどのような配分で接していくかにかかっている。専門のカウンセラーのような個対個の関係と違って、クラス全体を統率しつつ個別の関与をしなければならない教職は困難が多いがこの両面性の意識は大切である。

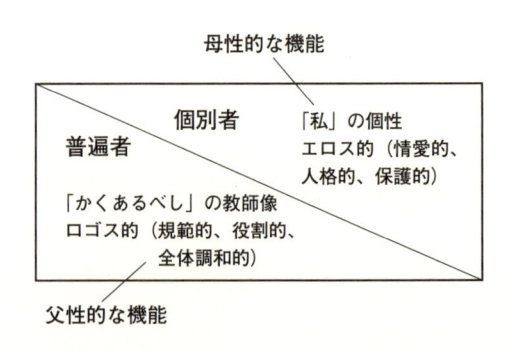

母性的な機能

個別者　　「私」の個性
普遍者　　エロス的（情愛的、人格的、保護的）

「かくあるべし」の教師像
ロゴス的（規範的、役割的、全体調和的）

父性的な機能

図　人間関係の良き実践──ロゴス機能とエロス機能

第3章　問題理解の視点
心理臨床における問題理解

1　さまざまな視点からの全体的理解の必要性

　生徒の問題に援助介入していくうえでは、彼らの欠点、問題点のみならず、長所や良い面にも目を向ける必要があるし、生徒のパーソナリティ、生活全体を理解していくことが大切である。したがって、外から目に見える行動部分のみならず直接目には見えない心の部分を含めての全体、問題が発生する状況や文脈、家族関係や学校での人間関係全体から問題をながめてみることが大切である。

　図3-1は問題理解の視点を示したものであるが、学校現場では生徒の「行動」だけを見て、それをすぐに「善悪の基準」で判断し、行動そのものを「善」なる方向へ性急に押し込むという理解と関わり方に陥りやすい。しかし、生徒の行動は、心の奥にある切実な気持ちの表現でもあり、その表現の仕方は、生徒がこれまでに出会った重要な他者（たとえば親）との関係の反映でもあると考えることができる。したがって行動の変化は、基本的には、生徒の今までの行動様式や生き方や人間関係のパターン（重要な他者との関係の中で培われた）が、新たな他者（たとえば教師）との関係の中で作り直されていく変異として表れてくるものであること、その過程は一時的には「悪化」とも見える変化を必然的に含む紆余曲折に満ちた時間のかかる過程であることを理解しておく必要がある。

　また問題発生に至るまでの経過、生活歴について理解を深めるとともに、発達的な観点から、今どのようなリアリティ（主観的現実）に直面し、

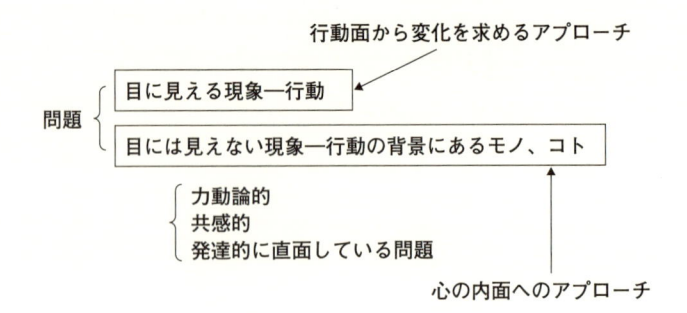

```
                    行動面から変化を求めるアプローチ
         ┌ 目に見える現象―行動 ◄─────┐
    問題 ┤
         └ 目には見えない現象―行動の背景にあるモノ、コト
              ┌ 力動論的
              │ 共感的                    ▲
              └ 発達的に直面している問題   │
                              心の内面へのアプローチ
```

図 3-1　問題理解の視点

悩んでいるのか、どうして耐えきれないのか、耐えきれないためにどういう「防衛」をしているのかという内面の状況、心の中の動きへの理解も必要になる。

2　発達的理解

　現在の行動の意味を理解するためには、過去の状況として生活歴、家庭環境についての情報が必要である（図 3-2）。どのような状況や出来事が問題発生に先立って存在していたか、またそれがどの程度ストレスとなっていたかを調べておくことも大切である。ただ、問題発生に先立つ出来事を直ちに原因と考えるのではなく、その意味づけは援助過程の中で次第に明らかになれば良いと考える。

　幼児とか小学生の場合は、心理的な問題やストレスを抱えていても、それが行動障害や身体症状として出やすく、青年期以降になって精神的な症状（その典型は神経症）として出現することが多い。それは思春期以前の子どもたちにとって自分の心の中で起こっていることを説明するのが困難であり、葛藤や情緒的症状を引き受け、言葉にして悩む、すなわち精神的

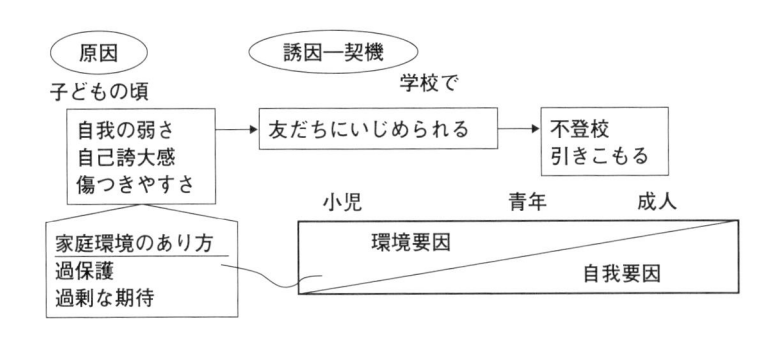

```
┌─原因─┐      ┌─誘因―契機─┐
 子どもの頃           学校で
┌──────┐    ┌──────────┐    ┌──────┐
│ 自我の弱さ │ →  │ 友だちにいじめられる │ →  │ 不登校  │
│ 自己誇大感 │    └──────────┘    │ 引きこもる │
│ 傷つきやすさ│                    └──────┘
└──────┘         小児      青年      成人
┌──────────┐  ┌──────────────┐
│ 家庭環境のあり方 │  │ 環境要因           │
│ 過保護      │  │         自我要因      │
│ 過剰な期待    │  └──────────────┘
└──────────┘
```

図 3-2　問題発生に先立つ背景の理解

症状なり心理的問題として抱えるには、それなりの自我の強さ（心の強さ）が必要だからである。

　ある程度自我が発達していないと、身体的問題（症状）で表されたり、行動上の問題として表現されることになるのである（表3-1）。したがって、子どもの問題に対応する場合、身体化されたり行動化された現象の背後にある問題をいかに読みとり、理解するかが、心理的援助の大きな鍵となってくる。子どもの言動に対して大人がどのくらい理解の目をもっているかにかかっているのである（菅野, 2002）。

　今、この生徒がどのような現実、問題、発達上の課題に直面しているのか、またこれから、どのような問題、課題に直面することになるのかを考えてみる視点をもつことが大切である。その場合、現実というものが、進学、進級、転居による環境移行に伴う出来事の場合もあれば、発達課題ということもある。

　これらの発達課題にどのように直面し、いかに乗り越えていこうとしているのか、あるいは乗り越え損なっているかに注目すれば、それは否定的に見える現象でも、心の発達に必要なものであるかもしれないと納得できるかもしれない。

表 3-1　不適応に基づく各種の障害 (前田, 1985 を修正)

障害		症状と行動
行動障害	非社会的行動	過度の緊張、あがり、焦燥、不安、恐怖、孤独、無力感、劣等感、閉じこもり、不登校、集中困難、学業不振、放浪、自殺企図、多手術癖、災害癖（事故頻発症）など
	反社会的行動	過度の反抗、かんしゃく、怠学、うそ、攻撃行動、破壊、暴力、盗み、性的問題行動、その他の非行、薬物嗜癖
	習癖	偏食、指しゃぶり、爪かみ、チック、吃音、小児フェティシズム、毛髪抜去癖など
身体的障害	神経症	不安に基づく自律神経失調症状（不安神経症）、転換ヒステリー、森田神経質症、心気症
	心身症	発病や経過に情動的要因が重要な意味をもつ各種の身体疾患たとえば、神経性皮膚炎、円形脱毛症、慢性じんましん、関節痛、筋痛、斜頸、緊張性頭痛、ぜんそく、呼吸困難、神経症せき、心臓神経症、偏頭痛、嘔気、嘔吐、食欲不振症、胃けいれん、消化性潰瘍、過敏性腸症候群、下痢、便秘、腹痛、食品アレルギー、頻尿、排尿障害、夜尿、月経障害、婦人自律神経症、めまい、耳鳴、眼瞼けいれん、ふるえ、乗物酔い、起立性障害その他
心理的障害	神経症	不安神経症、恐怖症、神経症的うつ病（抑うつ神経症）、森田神経質症、強迫神経症
	(心因反応)	意識喪失、失踪、夢中遊行、関係妄想などの妄想反応その他

3　共感的理解と診断的理解

(1) 主観的現実へのアプローチ

　客観的には同じ環境や状況（客観的事実）におかれていても、その環境に対する一人一人の見方、感じ方は異なっているのであり、人はそれぞれに独自の意味をもった心理的環境（主観的事実／心の事実）を構成している（図 3-3）。自分自身が認知しているかぎりの世界、直接体験している自分独自の意味をもつ世界を「現象的場」ともよぶが、ある人を理解しようとするとき、その人を外側から客観的に観察し、何らかの判断を下すことも必要だが、その人を真に理解しようとするならば、その人がどのよう

な心の世界に生き、自分自身をどんなふうにとらえているのか、その心の事実について考えなければならない。さらに人間の生、教育についていうならば、真実、正しいことといった客観的な事実性よりも、主観的な現実性のほうがはるかに重要なことがあり、教師は生徒一人一人のものの見方、考え方、感じ方がそれぞれに違っていることを常に念頭においておかなければならない。生徒の行動はこの心理的な環境に基づくものであり（図3-4）、それを無視しては生徒一人一人への理解は深まらない。そこで彼らの主観的世界に素朴に近づいていく姿勢、想像力が必要になってくるのである。

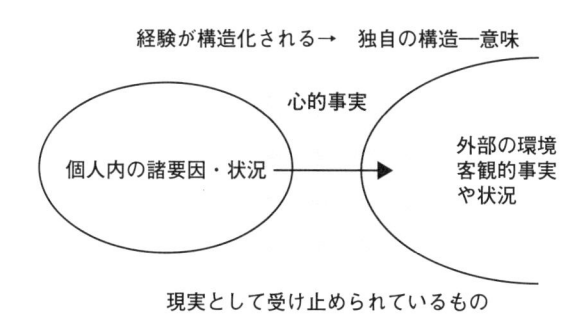

図3-3 客観的事実と主観的事実

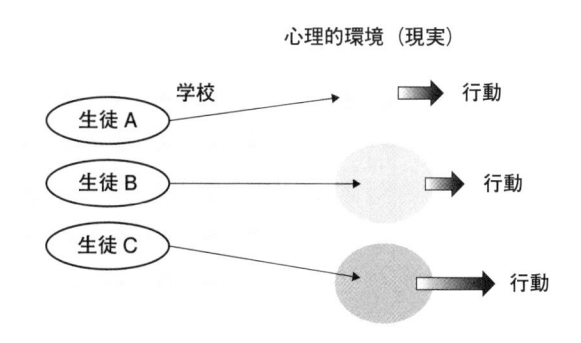

図3-4 環境―主観的事実―行動

(2) 共感的理解

共感とは個人の主観的世界を大切に考える理解のあり方であり、これは先に述べたように人それぞれにものの見方、考え方、感じ方が異なるという他者性の認識が基盤となっている。もし私が、相手の立場に立ったとして、そのような状況に立たされたとき、自分ならば感じたであろう私の体験を、仮定法として感じとるということであり、あくまでも自分自身の想像力、理解力、空想力によるものである。

共感的に理解するということは、相手の人と同じ情動状態を共有するのとは異なり、むしろ客観的に相手の内的準拠枠(internal frame of refernce)、すなわち相手の主観的世界を構成する枠組み、基準、意味づけ方を理解することで相手のことを理解しようとすることでもある。このような共感的理解を受けることにより、相手は自分自身の内的準拠枠に気づくことができるようにもなる。他者から共感的に理解され、受容されるという体験が安心感を生みだし、解決に向けてのエネルギーの活性化につながるのである。

(3) 診断的理解

学校現場での診断とは、第三者的立場から、生徒の学力や性格、状態などを観察や面接、テストを通して、判断、理解、評価することである。そこに客観的な基準が必要になるが、これは生徒（見られる者）を「1つの対象」として、教師（見る者）が自分にとって意味のある事象を理解の対象におくことでもある。見る者の理解の枠組みでもって、「見る者の前に現れてくるものだけ」に目を向けていることになる（図3-5）。したがって診断的なまなざしに傾けば、たとえば、生徒の〇〇点というテスト成績は、誰のものでも良い学力状態の指標ということになり、見られる側の生徒の独自性は軽視されてしまい、その行為、結果においての生徒独自の意味は排除されてしまいやすいことを認識しておく必要がある。

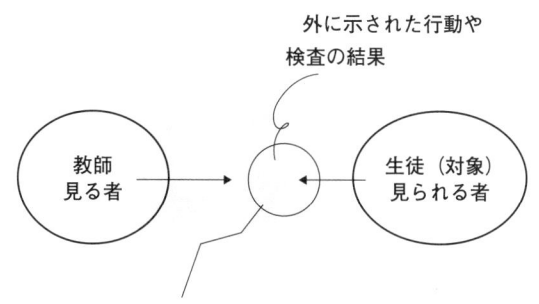

```
                    外に示された行動や
                    検査の結果
                      ↓
    ┌─────┐       ○       ┌─────┐
    │ 教師 │ ──→     ←── │生徒(対象)│
    │見る者│              │見られる者│
    └─────┘               └─────┘
              │
              │
    教師にとって、意味のあるものが理解の素材になる。
    生徒にとって意味がなくても教師にとって意味のある
    事象を理解の対象として記述し、集める。
```

図3-5　診断的理解

(4) 診断的見立てと共感的理解の両立

　生徒を客観的対象として評価し診断することは、一見するところ共感的理解とは相容れがたい理解の方法であり、生徒自身の体験過程にふれていくことを妨げる要因であるように思われがちである。しかし、より厳しい問題を抱えた生徒への対応において指導援助の見通しを立てていくうえでは必要な理解となる。たとえば、混乱して暴力をふるう生徒へ対応する場合、生徒が「いま、ここ」でどう感じているかの問題ではなく、まずは診断的立場から、それが何らかの病的な混乱、障害のせいかもしれないと思うことができれば、指導する教師としての姿勢がある程度安定するからである。当然その場合、病理、障害の一応の基準を教師が理解していることが不可欠である。

4　精神力動論的理解

　生徒の問題に対応する場合、身体化されたり行動化された現象の背後にある問題をいかに読みとり理解するかが、心理的援助の大きな鍵となって

くる。このような外からは直接見ることができない内面の状況を理解する方法として精神力動論的な考え方がある。

(1) 心の中のダイナミクスに注目する

精神力動論とは行動の背景にあるさまざまな動機、意図の力学的な相互作用に注目して、それとの関係で行動を理解するものである。とりわけ、フロイト（Freud, S.）に始まる精神分析理論では、本人自身意識しない「無意識」の動機や意図が関与すると考える（図3-6）。

たとえば、神経症的問題の背景には、本人自身はっきりとは気づいていない、あるいはまったく気づいていない、葛藤や不安、緊張など何らかの心理的な苦痛が存在していると仮定するのである。

葛藤を抱えている状態とは、いくつかの欲求や要求が互いに対立し合い、それらがどれも十分に満たされない状態である。したがってそれは、不安定さを抱え込んだ状態であり、基本的に不快な状態である。何らかの折り合いをつけることができないまま、このような葛藤状態が長く続けば、しだいに不安や緊張が生じてくる。葛藤状態に耐える力や、葛藤を処理していく力が強い人の場合には、このような状態になっても、それほど大きな問題が生じることはないかもしれない。しかし、そのような力が弱

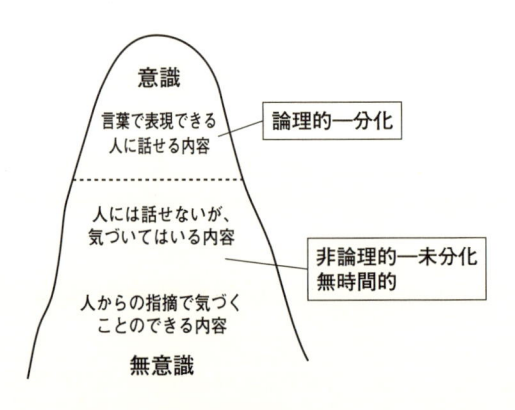

図3-6 意識と無意識

い状態であったり、葛藤を現実的に処理していく力が十分に身についていない人がこのような状態になったり、また葛藤に耐える力が強い人でもその人の許容量を上回る葛藤に出会ったりすると、不安や緊張の高まりが、本人にとって耐えうる範囲を越え出てしまうことがある。このような場合に、神経症的問題（表3-1）が現れてきやすいと考えるのである。

(2) 問題行動の背景にあるものを考える

たとえば非行問題に対して、問題となっている行為、習慣はやめさせるという現実対応をしなければならないのは当然であるが、先の「無意識」仮説からするならば、その行動を抑えたときから本当の指導が始まることになる。つまり荒れた状態がおさまった後に、無意識の動機に接近できる話し合いを始めるチャンスがある。非行、いじめにせよ、生徒間トラブルにせよ教育現場では問題生徒を特定し、問題がなくなれば指導は終結することが多いが、この力動論的立場に立てば、起こった問題もさることながら、その後のフォローアップが重要になる。

背後にある「無意識」の動機への理解を生徒とともに進めていくためには、受容と共感も必要な場合があり、行動を単に非難したり、注意したり

非行少年　気晴らし　→　←　教師、親からの叱責・処罰

無意識仮説を取り入れると

無意識の動機　‥‥→　反社会的行動　→

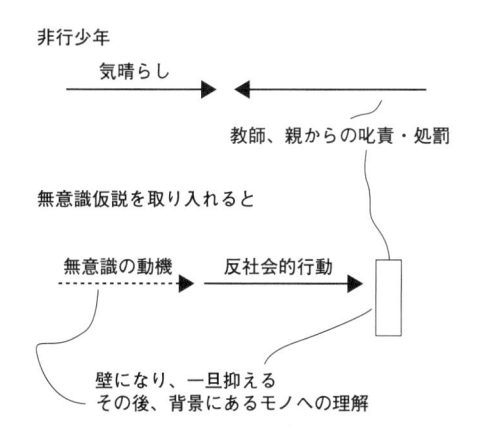

壁になり、一旦抑える
その後、背景にあるモノへの理解

図3-7　非行と無意識仮説

するのではなく、なぜあのような行為に走ったのか、いったいどのようなイメージが心の奥にあったのか（無意識内容）を、生徒と2人で十分に話し合う機会をもつことが必要である。

　人を脅し、攻撃し、錯乱し、人を揺さぶるという場合、それは自分の力への自信をなくした生徒が、他者を無視して自己主張し、人に影響力のある自分を実感することを通してしか自分の居場所を確認できないのかもしれない。集団から評価されない生徒の「しつこさ」は、阻害されて生きているということの警告やサインであるかもしれない。虐待やネグレクトを受けた子どもの不適応行動は、親に存在を否定された彼らの深い絶望や人間不信や自己否定の感情から発してくる暗い怒りであるとともに、密かに救いを求めるかすかな悲鳴でもあると理解することもできる。それらの根底にある動機、意図は子ども自身が気づいている場合が少なく、あえてそのことを指摘するまでもなく、周囲の大人がそのような理解のもとに対応を考えることが介入への糸口にもなる。

5　対処行動としての問題行動の理解

　ヒトの成長過程は、学習の積み上げであり、成長段階のそれぞれの時期の課題に対処する行動が学習されて、脳に蓄積されていく。そうした蓄積が、脳という臓器の発育と同時になされると、学習されたパターンは、おそらく固定化され、終生消去されない性質を帯びるはずである。「三つ子の魂、百まで」とは、そうした事情をさしているのであろう。
　このような観点からは、問題行動の中には、歪んだ形ではあるが、心のバランスをとるために学習してきた対処行動ともいえるものもあり、精神的な弱さのために、自己防衛の対処手段にしがみついて、そうなればなるほど現実適応が悪くなるという悪循環に陥る。したがって不登校といっても、それに至る経緯にはさまざまあり、それが必ずしも病理を意味しておらず、むしろ、適応の努力の表れであることもある。たとえば、いじめを受けることで不登校状態になった場合、不登校という結果は、それ以上の

傷つきを避けるための無意識的・意識的な努力の1つの帰結であり、不登校は、今を生き抜く「精一杯の努力の表れ」という意味で、適応的であるととらえることもできる。ただこういった対処行動は、繰り返されることにより、習慣的、つまり自動的になってしまいやすい。また対処行動は、その場や状況の構成要素である人物への対処行動であることも多く、状況の中で、その人物の占める割合が大きければ大きいほど、対人物対処行動となるわけである。繰り返される問題行動のパターンはまさに人生の早期に作った台本であり、相手を変えながら、繰り返されていくといった見方もできる。

6　問題発生にからむ関係性、文脈の理解

　個人に能力的な障害、欠陥があったとしても、それだけで何か問題が発生するかというと必ずしもそうとはいえない。そもそも適応とは、本来、個体と環境との関係の中で現れてくる現象のことをいうが、多くの不適応問題は個人と外部の何ものかとの関係の中で発生しているのである。また「あの生徒は……で問題がある」という場合、その問題は問題にしている誰かがいることにより成立しているのであり、「問題」の中身は生徒と問題にしている誰かとの関係によって規定される面もある。

　一般的には問題行動は個人内の欠陥が原因とされ、治療・矯正の対象となるのは問題を引き起こした個人ということになりやすいが、それではその個人がおかれている関係、状況という本質的な側面がはぎ落とされてしまうことになる。適応−不適応問題については、個人の性格や能力のみならず、その生徒がおかれている関係、状況も考慮しながら解決を考える必要がある。

(1) 問題の文脈をとらえる

　問題として起こっている出来事は、それに付随する前後の出来事を含めた文脈の中で起こっている。繰り返される問題行動というのはまさにその

パターン化した文脈が毎日のように生起しているということになる。このように考えてみると、その文脈の精査と修正が問題解決の1つの糸口となってくる（図3-8）。

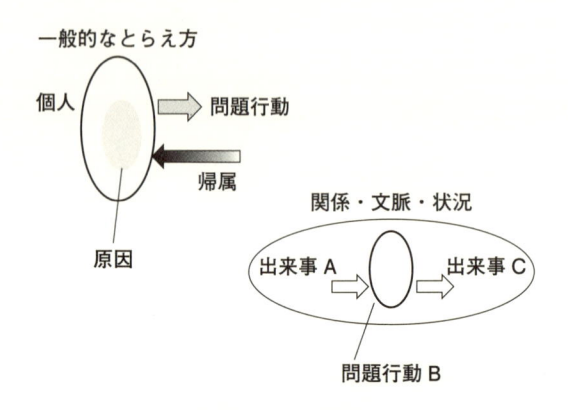

図3-8　問題行動の文脈をとらえる

一般的なとらえ方
- 個人 → 問題行動
- 帰属
- 原因

関係・文脈・状況
- 出来事A → 問題行動B → 出来事C

図3-9　記述的情報と相互作用に関する情報

〈提示された記述的情報〉

父親は
　一方的である
　怒りっぽい

母親は
　A子に甘い
　父親を刺激しない
　ように配慮

A子
　反抗的である
　母親に優しい

〈相互作用に関する情報〉

父親―自己主張する
　↓
A子―父親に反発する
　↓
父親とA子―対立を深める
　↓
母親―父親をなだめる
　↓
父親―母親を責める
　↓
父親―孤立、飲酒
　↓
A子―父親を非難する

また当事者・家族から提供される情報は一般的に「誰々がどうした」とか、「誰々のせいで……」といった個人についての記述的な内容が多いものであるが、そこには相互作用に関する情報は、ほとんど得られないままとなっている。しかし、問題が発生している文脈・状況を問題にするならば、そこでの相互作用についての具体的な情報が必要になる（図3-9）。パターン化した相互作用（文脈）は一定の状況を作り上げているのであり、そのいずれかのつながりを変化させることが解決に向けての1つの手立てになる。

(2) クラスや家族のシステムの歪みに注目する

生徒の問題行動をその生徒が属している集団、たとえば家族やクラスでのメンバー間の相互作用の中から派生している問題ととらえ、問題を維持させている文脈、状況として、その集団内でのパターン化した相互作用に注目するのである（図3-10）。生徒の問題をめぐる家族メンバー、クラス・メンバーなどの相互のコミュニケーション・パターンが一定の文脈・状況を作り上げているのだから、この状況、文脈を別のものに変えることによって解決を図ろうとするのである。

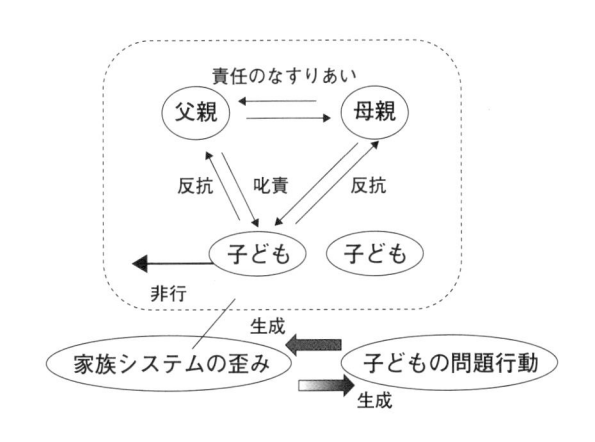

図 3-10　家族システムの歪みと問題行動

一般的にはクラス内、家族内での問題行動については、生徒個人の能力や特性、性格に変化を求める介入を考えやすいが、それよりも日常化した関係パターンや状況、文脈を変えることのほうが生徒個人にとっては侵襲性が少なく、現実的に何らかの変化を求めていくうえで有効である場合が少なくない。ただこのようなアプローチは、家族やクラスなどの集団システムの問題を必ずしも真実として究明された原因としてとらえているのではない。あくまでも解決に向けての1つの援助的関わりの焦点とするものであるが、個人の能力や性格などに問題の原因を特定して介入することが困難な場合、特に何らかの障害を抱えた生徒とそれに関わる家族への援助を考えるうえでは有効な視点である（第6章4節参照）。

Column3　対処行動としての「防衛機制」

抑圧—不快な感情、観念、体験を無意識の中に押し込めてしまう。
合理化—自分の欠点や失敗をもっともらしい理由をつけて正当化する。
知性化—感情や欲動を意識化しないで、知的な認識や考えでコントロールする。
補償—自己の長所を強調することで、自分の弱点や欠陥を覆い隠そうとする。
代償—満たされない欲求を類似した別のことで一時的にでも解消しようとする。
置き換え—ある対象に向けられた欲求や感情をまったく別の対象に向ける（転移）。
昇華—性的欲求や攻撃衝動などを社会的に価値のある活動で発散する。置き換えを基本とした適応機制。
反動形成—本当の欲求を知られまいとして正反対の態度をとる。
投影—自分自身で認めがたい欲求、願望を他人に転嫁し、罪悪感や劣等感から逃れようとする。
同一視—自分の理想の人物の真似をしたり、考えを取り入れることで満足を得る（同一化）。
分離—不快な経験の客観的事実だけを記憶に残し、不快な感情を抑圧する（隔離）。
退行—それ以前の年齢段階の行動や態度をとることによって、そのころの満足感を再び得ようとする。
逃避—克服することが困難な状況に陥ったとき、そこから逃れることによって合理的解決を避ける。

原初的（乳幼児期にみられる）、あるいは病理的防衛とされる機制
　分裂—対象や自己を肯定的側面と攻撃的で否定的な側面とに分けて別個の存在として認知する。
　投影的同一視—分裂した自己の良い、あるいは悪い側面のいずれかを外界の対象に投影し、さらにその投影された自己の部分とそれを受けた外界の対象とを同一視する。

第4章　心理的援助活動の方法

1　介入に先立つ判断や評価

(1) 見立てるということ

　援助・介入に先立って、この生徒には、どのような働きかけが可能か、相談が可能とすれば、どの角度から、どのように切り込むか、その場合、どのような経過が予想され、最終的にどのあたりに落ち着くかといったことについての見通しを立てることが必要になる。臨床心理学の実践活動においては、心理学的アセスメントとよばれるプロセスであるが、その結果に基づいて問題解決に向けての介入法を決定し、そして実際に介入していくという手続きが基本となる。学校での人間関係、家族間の葛藤が現在進行形で起こっているような場合は、クラス、親、家族全体の状況についての見立ても必要となってくる。

　図4-1は心理的援助活動において見立てと介入、結果の3つが循環することを示したものであるが、介入する場合、なぜそのような方法をとるのか、その理由、根拠としての見立て、アセスメントがしっかりとなされていることが大切である。見立てがしっかりと立てられたうえでの介入の結果、功を奏したのであれば、それは見立ての適切さによるものであり、もし、結果としてうまくいかなかったとしても、また見立ての修正を行い、新たな介入を考えるという循環が成立する。

　個人へのアプローチにおける見立てにおいては、以下のような事柄についての判断、評価が大切である。

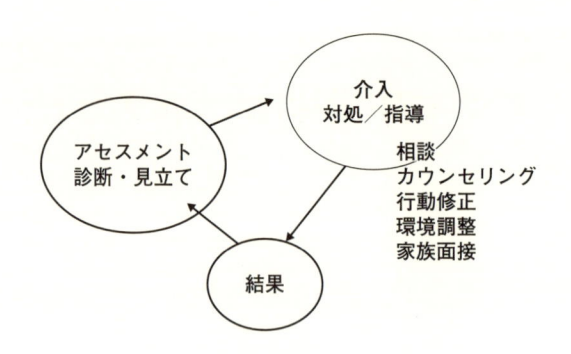

```
        アセスメント  →  介入
        診断・見立て      対処／指導
             ↑   ↘  ↙    相談
                結果      カウンセリング
                         行動修正
                         環境調整
                         家族面接
```

図 4-1　見立て-手立て-結果の循環

①状態、問題（行動）の理解

　今どのような状態（病態）か、生育史を含めたこれまでの問題の経過、自助能力の程度などを評価する。特に自助能力としては、症状、問題が自我異質的に語られているかどうか、それまで問題に対してどのような対処をしてきたか、「心理的に考える能力」をもっているかどうか、自分の気持ち、問題などを言葉でどの程度説明できるかなどを評価することが今後の対応を考えるうえで大切である。

②緊急度の判定

　問題を緊急度の切迫した部分とじっくりと取り組むのが良い部分とに仕分ける。緊急対応と根本対応が好例で、介入の計画としては、緊急性の高い部分から取り組むことになる。

③他の助力を要請するかの判断

　問題解決に向けて、他の助力を要請したほうが良い部分が含まれているかどうかを考えてみる。1つのニーズに対して、他のいろいろな助力を要請して連携をとりながら取り組むほうが良い場合はとても多い。

④解決に利用できる資源を探す

　資源は内的と外的に分けられるが、内的資源は先の自助能力の他にさまざまな能力、素質、興味関心ごとなどのことであり、外的資源とは友達、

家族をはじめとして外部からの援助・助力のことである。

(2) 多面的に援助の方法を考える

　心理的な不適応症状、問題行動は多くの身体疾患とは異なり、特定の原因に対して、1対1の関係で生じるものではない。生理的要素、身体的要素、行動的要素、心理的要素、対人的要素、社会的要素など、さまざまな要素が重なりあって、問題が生起している。そして、その問題の一側面が心理的問題として表れているのである。当然、さまざまなレベルでの援助が考えられるのであり、たとえばカウンセリングに代表される心理的レベルでの働きかけがあるし、その他行動レベルでの変化を援助すること、家族・地域への介入、連携という社会的レベルでの働きかけ、精神医学が重要な役割を果たす生理的レベルの働きかけがある。したがって問題が深刻で複雑になればなるほど、さまざまな要素・要因、レベルを包含した介入法が必要になるし、生徒自身が良くなろうとする気持ちや力が動きやすい条件をいかにして整えるかということを考えることが大切である。

　たとえば、幼児・児童期の子どもは、急激な成長・発達の途上にある。特殊な問題、病理、障害があると、そこに意識がしばられやすいが、このようなときにはその児童生徒の生活全体をながめて援助を考えることが重要で、そのために他の教職員との連携／チームによる支援体制を構築することや家庭との連携／心理教育的アプローチを考えることも必要になる。また外部専門機関との連携を視野に入れながらの援助を考えることもある。

2　カウンセリングによる介入の実際

(1) カウンセリングとは

　先の心理的次元での働きかけとしてカウンセリングがある。カウンセリングとは何らかの適応上の問題をもち、他者の助力を必要とする来談者（クライエント）とカウンセラーとが、信頼関係を基盤として、主として面接で、言語的、非言語的な手段により、問題解決を目指す共同作業のこ

とである。医学における診断や治療などにおいては、合理性や論理性が強調され、それに基づいて進められるが、カウンセリングは人間の内的世界の安定や人間の成長を目指すことから、非合理性・非論理性を排除することなく、個人の内的世界を大切にしながら、成長を促すことが目的になる。

(2) 安心して相談できる場の提供

面接を行う場合、いつ、どこでするのか、時間はどれくらいという時間や場所の枠組み（構造）をあらかじめ決めておくことが大切である。またカウンセラーは守秘義務を守ることにより、そこで語られたことは原則として他者に開示することはない。このような枠組みに守られることで、来談者は安心して、自分を見つめ語ることができ、またカウンセラーも相談に集中できることになる。

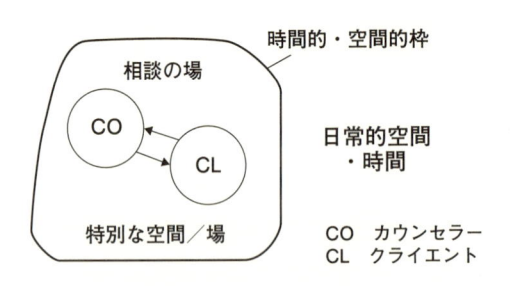

図 4-2　治療の枠組み

(3) 対話において大切なこと

①話を聴くという受動的にして、能動的な構え

聴くということにおいては、相手を受けとめること（受動的構え）が不可欠であるが、そこには相手の話を聴こうとする能動性があり、相手の役に立ちたいという意図が基本にある。

②否定的な気持ち、感情を受けとめる

相談では語られる内容は否定的な気持ちや感情が多く、それらを受けとめるという姿勢が必要である。「何もできない」「こわい」「したくない」という気持ちそのものに素朴に近づく心のゆとり、強さをもつことが大切である。そのような気持ちは来談者が夢や希望をもって生きている（生きてきた）姿の裏返しでもあり、言葉じりにとらわれず、その言葉の背景にあるものを考えてみること、見えない感情や気持ちをつかむことが大切である（図4-3）。否定的な感情の表明を抑制されたり、安易に勇気づけられたりするよりも、理解（共感的理解を含めて）されていると感じることが安心を生み、安心は自己回復力を高めることになる。

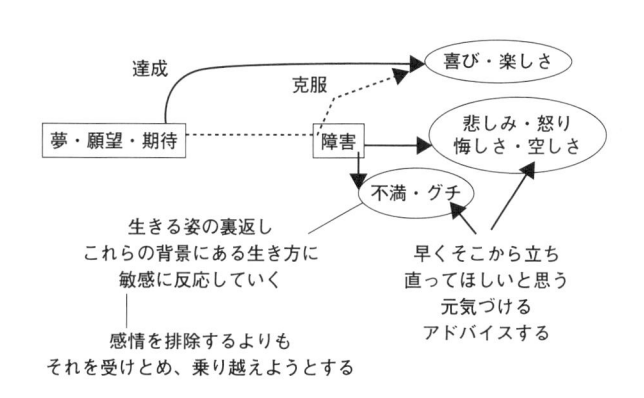

```
                達成              克服      喜び・楽しさ
  夢・願望・期待 ────────→ 障害 ┬────→ 悲しみ・怒り
                                 │         悔しさ・空しさ
                                 └────→ 不満・グチ
```

生きる姿の裏返し
これらの背景にある生き方に
敏感に反応していく

感情を排除するよりも
それを受けとめ、乗り越えようとする

早くそこから立ち
直ってほしいと思う
元気づける
アドバイスする

図4-3　言葉の背景にあるものを理解する

③伝え返すこと

ただ単に話を聴くというだけでなく、来談者の話を聴いて、理解したことを言葉で相手に伝えることが大切である。これは相手の問題（不安・葛藤）を今一度相手の中に差し戻すことであり、これにより来談者はカウンセラーに映し出された自分の姿に直面することになる。たとえば、教師が生徒の心の内の漠然とした何かを聴いて伝え返すことを通じて、生徒はそ

の漠然とした心に向き合えるようになっていく。この中には教師の「あなたの話を聴いていて、私にはこのように思えるのだが、そうなのか？」という確かめる作業があり、そのことが生徒の自己理解に通じるのである。葛藤がはっきりしてくると、ただ不安で、恐いだけだった心の内に安心の種が生まれ、その安心の中からエネルギーと方向性が出てくる。

④内的プロセスを大切にする

対話には表面に表れている話題と会話の最中にそれぞれの心の中、頭の中で経験したり、感じたりしていることの2つの側面があるといえる。図4-4に示すように、通常の会話では相手が何を話すか（explicating process）ということに意識がいくものであるが、カウンセリング的な対話ではその話題もさることながら、話になるまで、あるいは言葉になるまでの内的プロセス（implicating process）が重要になる。言葉になるまでのプロセスに、重要な治療的・教育的機序があると考えられるからである。

語るということは、自分を対象化し、言葉にするというプロセスであり、説明するためには出来事を時間系列に並べ直さねばならない。相手に届くように言葉を選ばなければならないのである。自分について語ることには、相応の苦労が伴うわけで、その力、努力を大切にするのである。それは、困っている自分をながめてみるという作業であり、苦しみそのもの

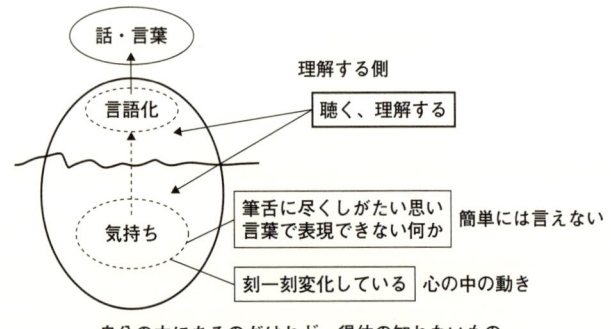

図4-4 言葉になるまでのプロセス

に距離をとることがなければ語れないからである。距離をとるというのは、これまでの自分とその苦しみとの関係が変わるということでもある。

　話を聴いてもらうというのは生徒からすれば、ありがたいことであるとともに辛いことであって、あらためて自分について語るというのは、古傷に塩をぬるような痛みを伴うものであるかもしれない。教師にわかってもらえるか不安であるし、また一日も早く忘れたいことかもしれない。だからぽつり、ぽつり、途切れがちにしか語れないのであるが、教師はその断片的な言葉の間にはさまった長い沈黙に耐えきれず、「あなたの言いたいことは～ということじゃないの？」と、ついつい言葉を迎えにいってしまうのである。しかし、話すことをいやがるとしたら、そのいやがる気持ちに焦点を当てて、それを受けとめることが大切で、「なぜ、話さないのか」と問うよりも、反発、無言の反応、そのものを意志表示として受けとめるのである。

(3) 直面化・明確化・解釈

　生徒指導では、叱ったり、罰則を加えたりすることが必要な場合があり、それを外的な厳しさというならば、カウンセリングでの自分自身の問題、自分自身の姿に正面から向き合うという作業は内的な厳しさといえる。自分の中の葛藤や矛盾に気づくとともに、それらを解消するというよりも、むしろそれらをそのまま含みつつ、生きることを考える局面を迎えることがあるからである。

　たとえば、不登校の生徒に対して「なぜ学校に行かないのか」という疑問が核心にはあっても、直接「なぜ」とは問わず、生徒の中に登校する自分、登校できない自分の2つの自己像をはっきりさせていく。そして「行けないなー」という気持ちを引き起こした誘因を、今わかる範囲でひろいあげ、極力、行けない気持ちにも自然な正当な面があると理解していくのである。このように生徒が抱える不明確な問題をハッキリとさせつつ、それまで生徒の気持ちの中でつながっていなかったいくつかの事実を結びつけて、ある状況を浮き彫りにするようなプロセスが明確化、直面化とよぶ

作業である。生徒が目を背け、何となく避けていた事実に目を向け、焦点を合わすように促していくのであり（直面化）、「わかっているけれどできない」ことが問題になっている場合には、「なぜ」と問わず、葛藤の図式を作り上げていくのである。

　また多くの不登校児は、行けないという自分の気持に正当な面があると思えなくなっていることが多く、登校したい気持のほうを正義だと思い込んでおり、その気持の中に、実は、親を含めた大人たちの価値観を押し込まれてしまっていることに気がついていない。このように生徒がつかめずにいる心の動きを言葉化（意識化）する視点を提示することが解釈という作業である。それにより一過性には虚脱が起こるかもしれないが、一種の解放感も生じてくるのである。そして、親を含めた大人たちの価値観を無批判に取り入れてしまっていたことに気づき、一種の異物化が起こると、直ちに、もっと自分の真底からの気持ちとして登校したい気持ちもあることに気づくようになる。

　以上のように、カウンセリングの過程では、来談者の内面をあばく側面と、まとめ、縫い合わせていく側面がある。来談者のとらえられずにいる心の動きを指摘することで、内面をあばき出すことにもなるが、その一方で来談者にとってのこの新しい事実の確認は、それまで不可解でしかなく、それゆえまた受け身的にとらえることしかできなかった事柄についての「見直し」と「納得」（あるいは「洞察」）、主体性（あるいはアイデンティティ）の再確認などをもたらすのである。

3　行動変容のプログラムを考える　　行動レベルでのアプローチ

(1) 行動レベルでの援助を考える

　問題行動を行動レベルでとらえれば、不適切な行動が多すぎるか、適切な行動が少なすぎるかということになる。不適切な行動をなくすように働きかけるという方法も考えられるが、適切な行動がすでにあるのならば、それを引き出して増やす、つまり「育てる」ことが可能であるし、未習得

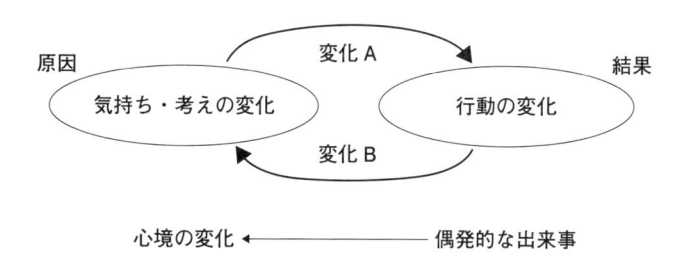

図 4-5　行動の変化と気持ちの変化

だとするのであれば、学習する、つまり「教える」ということを考えてもよい。これらの考え方に基づく行動変容のプログラムとして、行動療法（認知行動療法）や解決志向のアプローチがある。

　このような行動レベルでの変化を求めていくためには、変容あるいは習得を求める行動を具体化することが大切で、たとえば、社会的スキルトレーニングでは、社会性という抽象的なレベルではなく、「社会的行動」というより具体的な行動レベルでとらえていくことになる。社会性の未熟の原因を「性格」や「甘え」などの内的要因に求めず、社会的行動の未学習、誤学習、遂行への不安の高さととらえるのである。

　教師や親、大人は子どもの逸脱に注目するあまり、彼らの日常の小さな変化に気づく感性を失いがちである。行動上の変化を求める場合は、大きな変化を求めずに、小さな変化に気をとめることが大切で、生徒の何でもない発言であったとしても、その発言が膨らめば、大きな変化が起こることは周知のことである。好ましいものであれば、小さな変化であっても、声をかけ、ほめるということが大切である。また私たちは心（考え）が変わることで（外側からは見えない過程）、行動も変わると考え、この心の変化を期待して、働きかける、説教するということをしがちである。しかし、心（気持ち、考え）が変わることと、行動が変化することとの間には必ずしもこのような因果関係が成立しているとはいえない。行動の変化が

心境の変化をもたらすこともあり、行動の変化と心境の変化は共時的なモノでもある。

(2) 行動療法（認知行動療法）
①系統的脱感作
問題となっている恐怖・不安を引き起こす事態、状況において、弛緩反応（リラクゼーション、自律訓練などにより学習した状態）を対呈示していき、不安や緊張が生じないようにしていく手続きである（図4-6）。スケジュールとして前もって作成された不安階層表（表4-1）に従い、緊張、不安、恐怖の低いレベルから、次第に高いレベルへと刺激事態を変化させて、最終的には目標とするレベルでも不安や緊張を感じないように訓練し、慣らしていくのである。

②シェーピング（shaping）
最終目標行動に近づけるために目標行動を細かなステップに分け、順次、行動を形成させる方法である。図4-7に示すように、達成目標までをスモールステップ化し課題を設定して、課題が達成されるごとに強化（reinforcement）していく。この方法では、獲得を目指す特定の反応、行動が生起する蓋然性の高い環境、状況、条件をいかに設定するかが重要になる。

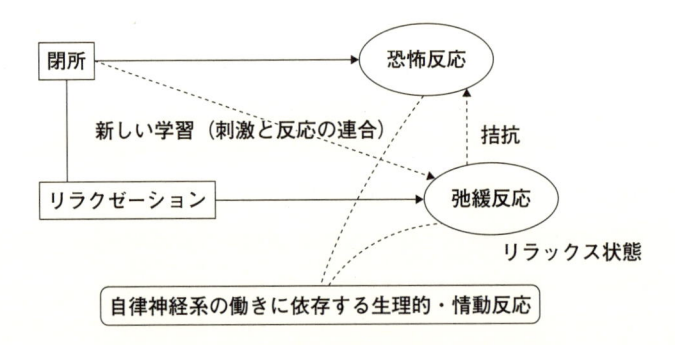

図4-6　ウォルピの逆制止理論に基づく技法

表4-1 閉所恐怖症治療における不安階層表 (金久，1977を修正)

1. エレベーターに閉じ込められる（95）
2. 部屋に閉じ込められる（90）
3. 列車でトンネルを通過する（80）
4. 1人でエレベーターに乗る（70）
5. オペレーターといっしょにエレベーターに乗る（65）
6. 旅行に出る（60）
7. 窮屈な服を着る（50）
8. きつい指輪をはめる（40）
9. 訪問先から退出できない（30）
10. 誰かが拘束されたという話を聞く（25）
11. マニュキュアをしたものの除光液がない（10）
12. エレベーターで人が閉じ込められた記事を読む（5）

（　）内数値は不安度

達成目標までをスモールステップ化し課題を設定して、課題が達成されるごとに強化していく。

スモールステップ化された目標課題　　　　　賞賛

ある状況 → 特定の反応・行動 ⋯⋯ 報酬

特定の反応、行動が生起する蓋然性が高い状況・条件　　　　強化

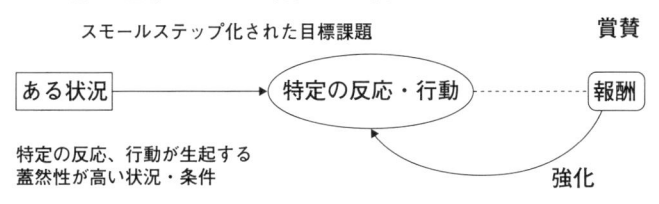

図4-7　シェーピングの原理

③社会的スキル・トレーニング

観察学習の手法が用いられることが多く、そこではモデリング、ロール・プレイ（role play）が重要な技法になる。モデリングでは、文字通りモデルと同じ行動を実際に行ってみるとか、頭の中で「あんな場合は、こんなふうにすればよいのだな」という認識過程があり、フィードバックの段階でリハーサルがうまく行えたか反省することになる。

言語的教示として社会的行動に関する情報を知識として伝える段階、複雑な対人関係場面で生じる問題にどのように対応していったら適応的な生活が送れるかなどを言語を通して理解させる段階で、その中では、たとえば、どういう言葉がけをしたら良いか教えたり、どういうふうに遊んだら良いかなど手助けをしてやること（プロンプト prompt）、シェーピング、強化（ロール・プレイがうまくいったときに、たとえば指導者は「その調子、その調子」「なかなかいい演技だね」と言葉をかける）といった手続きがとられる。

④**認知療法**

認知の歪みが症状を媒介するという考え方に立ち、その是正の対象として否定的な自動思考に注目する。この思考はいわば習慣的な思考のことであり、知らぬまま否定的な感情をもたらしてうつ気分にさせるものである。その背景には幼児期から次第に形成されたスキーマ、仮説、信念の歪みというものがあり、これらも治療、予防の対象になる。

⑤**認知行動療法**

日常の思考を観察し、否定的自動思考をはじめとする認知の歪みを特定し、それを修整するための活動スケジュールをもとに、実際にロール・プレイ、ソーシャルスキル・トレーニング、自己主張トレーニングなどを実践的に練習するものである。この療法における認知的再体制化のプロセスは以下のようなものである。

1. 一般的に「認知」の存在に気づかせる。
2. 一般的に認知が感情と行動に影響を及ぼしていることに気づかせる。
3. 最近の経験の中から、認知と行動に何らかの関係があったと思われるエピソードを取り上げ、認知と行動が関係していることに気づかせる。
4. 自動的な思考パターンが存在していることに気づかせる。
5. 否定的で自動化された思考をモニターする。
6. 歪んだ自動的思考にあてはまる、あるいは反する証拠を調べることによって、自動的な思考パターンの現実性、妥当性を吟味する。

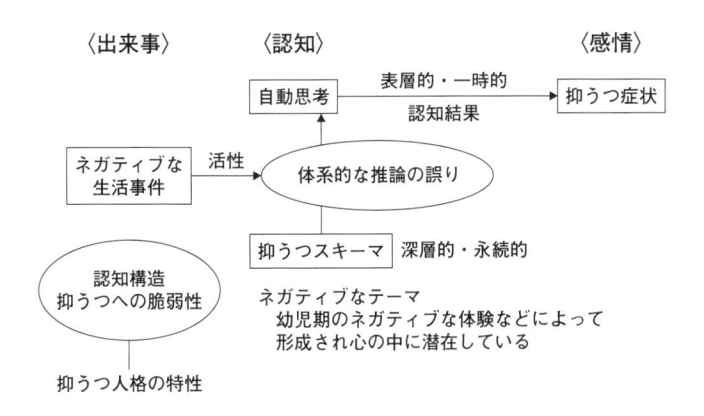

図4-8　抑うつをもたらす認知の3レベル

7. 歪んだ認知をより現実的な説明に置き換えることによって新しい解決法、いつもとは異なった妥当な解決法を探索する。

(3) 解決志向的（solution oriented）アプローチ
①解決像の構築

どうすれば問題がなくなるかではなく、問題がなくなったらどんなふうになっているかという解決像（状態）をダイレクトに描いてもらい、その解決像の実現に向けて、具体的な行動スケジュールを立てて、実践していく。短期の効率的な問題解決を目指すブリーフセラピー（Brief Therapy）とよばれる治療モデルの考え方である。過去よりも現在・未来を志向するもので、問題の原因を追究することで解決を図ろうとするのではなく、現在の状況から未来の解決像を構築し、現在および未来における適応の実現を目指そうとする手法である。解決像として「こうなっていればいいなぁ」というイメージを構築し、現在の方向に引き返して「これでいこう」という具体的な目標を設定して行動に移していく（図4-10）。

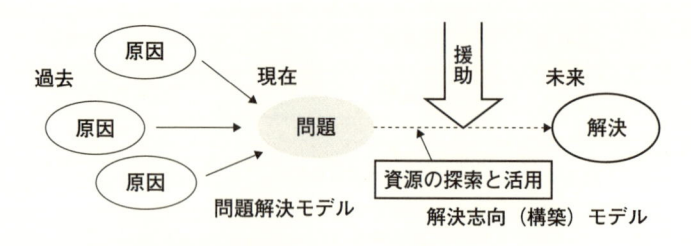

図 4-9　問題解決モデルと解決志向モデル

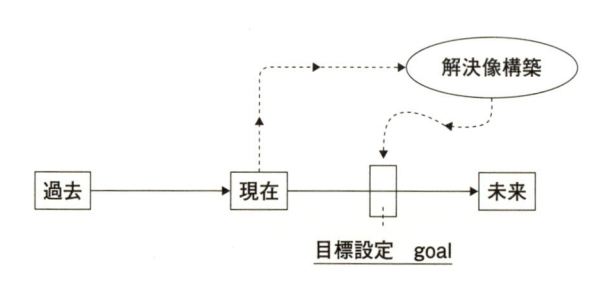

図 4-10　解決像と目標の設定

②解決のためのリソースを探す
　来談者は問題解決のための資源、資質をもっているという考え方に立つ。したがって、図 4-11 に示すように、問題の例外部分がすでに解決しているところであり、資源を意味している。しかし、人間の意識は問題に向かいやすいため、例外に気づいていないことが多いのでそれを探索することが重要になる。
③解決志向の 3 つの基本ルール
　例外はすでに解決している部分であるから、もしうまくいっていることがあるのなら、あるいは一度やってうまくいったのなら、それを変えようとせず、もっとすればいい（do more）ということになる。もし、うまくいかないのなら、それは解決のためにとっている手段、方法が問題を持続

```
＊人間の意識は問題に向かいやすいので、例外に気づきにくい
┌─────────────────────┐
│   問題部分      / 例外 │── 解決している部分
└─────────────────────┘
        ↓              ↓
       縮小           拡大
```

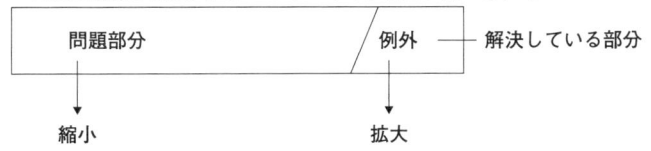

＊問題の限定化「何もすることができない」
　時間、状況の限定化‥「何もすることができないときがあるんですね」
　例外の質問‥「比較的落ち込みの少ないときはありますか？」

図 4-11　例外についての質問

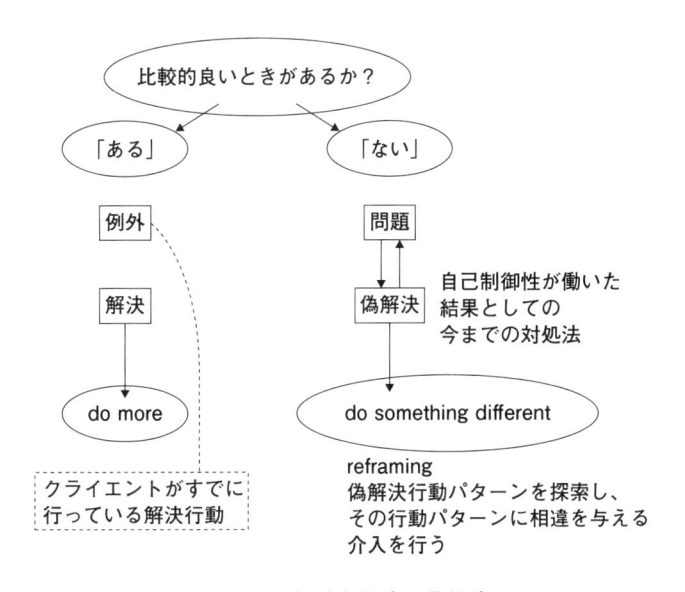

```
            比較的良いときがあるか？
             ↙            ↘
         「ある」         「ない」

         ┌例外┐           ┌問題┐
         └─┬─┘           └─↑┬┘
           ↓              ┌─┴↓─┐  自己制御性が働いた
         ┌解決┐          │偽解決│  結果としての
         └─┬─┘           └──┬─┘  今までの対処法
           ↓                  ↓
       ( do more )   ( do something different )
                         reframing
    ┌─────────────┐     偽解決行動パターンを探索し、
    │クライエントがすでに│     その行動パターンに相違を与える
    │行っている解決行動 │     介入を行う
    └─────────────┘
```

図 4-12　例外と解決―偽解決

させてしまっているのだから、何か違ったことをせよ（do something different）ということになる（図 4-12）。

4 家庭との連携

(1) 一緒に考え、協同しようという姿勢

図4-13は治療教育活動における助言モデルと協同モデルであるが、教師や専門家が生徒、あるいはその保護者をリードする形で指導、教育、治療を行う形態が助言モデルであり、緊急事態ではこのような援助体制が必要な場合が多いが、問題が長引いてくると、持続的なサポート体制を作る必要が生じてくる。家庭との連携で問題解決を図る場合、大切なことは、一緒に考えて、協同しようという姿勢を教師側がもつことである。「学校に行く行かないよりも、子どもさんが元気になることが大切」「そのために何をしたらいいのか、それを一緒に考えましょう」「本人にもそれを伝えてください」といったスタンスがまずもって大切である。基本は、学内、学外のいろいろな人との関わりの中で、生徒を援助していくというネットワークによる援助であり、それが保護者、生徒の安定につながり、その関わりの中で、自助努力や工夫を引き出すことになる。また保護者との話し合いの中では、原因追及にこだわらないで、学校で何ができるか、家庭で何ができるかを一緒に話し合うスタンスがとれるように工夫することが大切である。

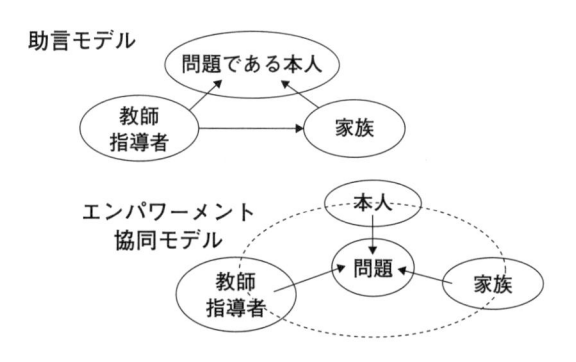

図4-13 助言モデルと協同モデル

(2) まずは現実への介入

このような連携の中では、心の内面に直接関わっていくというよりも、現実に介入していくことが優先される。生活という視点や学校、家庭、地域での居場所活動を考えたりと、多面的なアプローチが大切である。学校の担任の力、保健室の先生、保護者の力、スクール・カウンセラーの力、友達の力などすべてを援助資源として考えていくのである。

(3) 十分なオリエンテーション

指導・助言を受け入れてもらったり、何らかの知識や情報を正確に伝えたい場合には、「安心して」理解できる場の設定をする必要がある。相談に訪れる人の緊張や不安は強く、通常の状態にはないと考えておくほうが良いので、最初の態度は温かい歓迎の態度であるべきで、相談者に受け入れてもらえるように雰囲気づくりをする。

良き聴き手になることが必要であるし、これから何が始まるか、どんなことをやればいいかわかっていることがその条件になるので十分なオリエンテーションが必要である。親の対応、認識の変容に対しては素直に敬意を表現すること、情報を共有し、対処方法を具体的に説明することも大切なことである。

(4) 連携の中での目標と情報の共有

協同モデルは知識と情報の伝達と共有、保護者への教育を意図した心理教育体制の構築を目指すことになる。

一緒に話し合い考えるうえでは、保護者が「どう体験しているか」ということに配慮しつつ情報提供し、問題に関しての全体像を共有することが大切である。また困った場面や行動についてのことが必然的に多くなるが、プラスの面も聴くことが大切で、そのとき、何か改善したこと、どういう場面で少しは良くなるのかも聞くことである。いかに対処してきたかという情報は家庭の自助能力を推し量るうえでも重要な情報となる。必要とあれば専門家の情報も伝えることになる。

(5) 解決可能な小さなことに限定して一緒に考える

全体像の共有がうまくいっていると、過大な期待や非現実的な要求、過剰な自責感などは少し軽減しているので、次に来るときまでに、解決可能な小さな目標を立てることが可能になる。

Column4　言語化の効用 1

✓ カタルシスの効果

言語化することの治療効果に関して、心の蓋を開けて心の中にたまっていたものを「表に解放する」という発想がある。具体的に得られるのは、日常的な文化活動や芸術活動でも発生するはずのカタルシス効果であり、そこに伴うのは、押さえつけられて窒息していたものの蓋がとれ、流出し、放散するというイメージである。「話す」は「放す」であり、押し殺されていた自分が少し解放されて自己主張するのであり、蓋を押さえつけていた力も抜けて二重に楽になるのである。

✓ 外在化の効果

わけのわからない痛みや葛藤、荒唐無稽な思考や空想、曖昧な情緒や不安、さらに危険視される欲望や衝動に名前をつけて、取り扱えるようにするという効果である。ここでの言葉の役割は、医学史初期の解剖学者の仕事に似ていて、その目に見えぬ心に名前をつけて操作の対象にするのである。誰もが忌避して覗こうとしなかった「腹のうち」や、見えにくい（見にくい、見難い、醜い）「したごころ」、そして排除されやすい「狂った心」について、その「こころ（＝意味）」を語る語彙を発見し、提供し、これを考えるための道具と方法を見いだそうとする。

✓ 筋を通して整理する効果

言語は構造、つまり文法という「法」をもっており、目に見えないまま曖昧に浮遊する現象が言語化されると、内容が「法」のもとで明確化され整理される。たとえば言葉は現象に筋を通して物事を直線的に並べるのであり、ここで「私は・この文章を・読む」という現象も、これを言葉で言って文章にすると、同時に生じているはずの「私」も「この文章」も、そして「読む」も、まっすぐに直線的に並べられてしまう。この整理や分類、そして直線化のおかげで、混沌とした幻想や浮遊するイメージは明確になり、吟味・検討できるようになり、結果的に「幻滅」、つまり「水をさす」というような効果も生むことにもなるのである。

（76ページに続く）

第5章　生徒との日常的なトラブルへの対応

　学校教育相談は独立した相談機関と比較した場合、日常の人間関係の中に相談活動が位置づけられるところに特質があるが、日常の関係によっては、相談も困難になりやすいといった可能性もある。たとえば、小学校2年生くらいになると、学校の生活にも慣れてくるせいか、自分の行動を正当化するための「告げ口」や非難が多くなってきて、教師がおざなりに対応していると、コミュニケーションが機能しなくなる場合があったりする。教師が教育相談を行ううえでは、自分自身の日常的な生徒との交流態度を自己点検し、問題点を意識して、修正していく必要があるが、教師が生徒との関係の中で陥りやすいコミュニケーション上の問題として以下のことをあげることができる。

1　教師が陥りやすいコミュニケーション上の問題

(1) 非受容、否定、命令メッセージへの偏り

　図5-1は日常の教授・学習場面での2つの問題状況を示したものである(Gordon, 1985)。このような状況において、教師が陥りやすいコミュニケーションは、非受容的メッセージと、生徒への否定的、命令のメッセージへの偏りである。たとえば、「文句ばっかり言っていないで、さっさとやってしまいなさい」「なぜもっと早く言ってこなかったの」といった言い方は、生徒が困っている状況での生徒への非受容のメッセージである。逆に、教師が困っている場合に規範にそった解決の方向を伝えるために「今すぐ着席しなさい」「もう1回いたずらしたら、放課後も残すよ」といっ

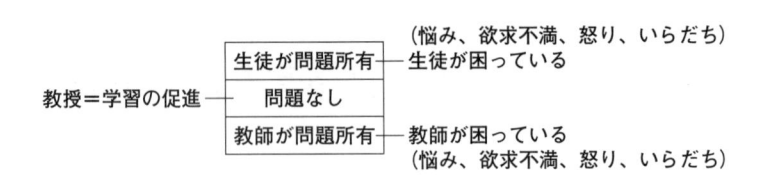

```
教授＝学習の促進 ─┬─ 生徒が問題所有 ── 生徒が困っている
                  │                    （悩み、欲求不満、怒り、いらだち）
                  ├─ 問題なし
                  └─ 教師が問題所有 ── 教師が困っている
                                      （悩み、欲求不満、怒り、いらだち）
```

図5-1　誰が困っているのか
　　　——教師が子どもとの関係の中でぶつかる問題（Gordon, 1985）

た言い方をしたりすることである。生徒を否定的に評価し、やっつけるようなメッセージとして「君はいつも問題を起こすヤツだな」「お前は、まるで……のようだ」と言ったり、遠まわしな言い方で「君は静かなときはいい子だね」といった言い方をすることである。特に教師が困っている場合に共通する特徴は、教師である「私」が困っているにもかかわらず「私」に関する情報は皆無であり、常に「あなた」を主語にして「あなた」を責めるメッセージになっていることである（図5-2）。

　教師が生徒に投げかけるこれらのメッセージの裏には、生徒についての隠れた否定的なメッセージが含まれていて、生徒はこの隠れたメッセージを受けとることで、教師に対する否定的な感情をもつことになりやすい。また交流パターンの中で、生徒の反抗や抵抗を引き起こしたり、「自分はダメな人間だ」という否定的な自己像を生徒の中に生み出すこともある。さらに教師の攻撃から身を守るために教師を無視する反応をしたり、教師とのコミュニケーションをあきらめるということも起こりうる（図5-2）。

(2) 生徒に対する勝負意識

　教師は「こうしたい」と思うが、生徒の側は「ああしたい」と考え、両者の意見や欲求が対立して両者が困っている場合、多くの教師は「このような対立が解決するのは、自分が勝つか負けるかだ」と考えやすい。この勝負意識に「教師が勝ち、生徒が負ける」勝者型と「教師が負け、生徒が勝つ」敗者型という2つの型がある（図5-3）。勝者型のコミュニケーショ

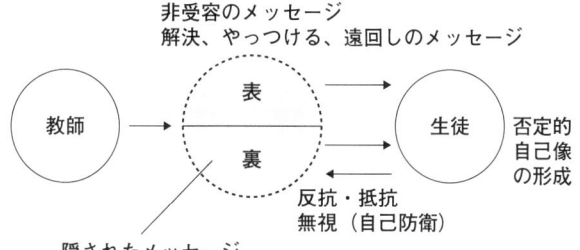

```
                    非受容のメッセージ
                 解決、やっつける、遠回しのメッセージ
                         表
         教師  →              →      生徒    否定的
                         裏    →            自己像
                                            の形成
                                ←
                              反抗・抵抗
                              無視（自己防衛）
            隠されたメッセージ
       あなたが悪い、あなたが変わるべき、あなたは私の指示に従うべき
```

図5-2 教師から生徒への非受容メッセージの二重性

ンを用いれば、教師の意向は通るが負けた生徒の心の中には、怒り、憎しみ、欲求不満、恐怖、無力感、屈辱感、劣等感などが生まれ、生徒は反抗するか、服従するか、逃げるかのいずれかの方法で対処せざるをえなくなる。敗者型のコミュニケーションを用いれば、生徒はタガが外れたように、したい放題になり、ワイワイと騒いだり、自分勝手に行動したりして、手がつけられなくなる。教師の心の中には（敗者になったときの生徒の場合と同様に）怒り、欲求不満、無力感、屈辱感が生まれ、生徒を嫌い、憎み、授業をするのも嫌になるのである。

(3)「あるべき姿」への呪縛

　教師の役割は、社会がもっている基本的な価値観や世界観、社会が必要としている知識や技術、基本的な考え方や行動様式等を修得させることを通して、社会が望ましいと考える一定の人間像「あるべき姿」に近づけることである。生徒に対する教師のこのようなコミュニケーションの特徴を、教師がおかれる立場、教師という役割という観点から考えたときに、「～しなければならない」「～したほうがよい」「～すべきである」「～してもよい」という言葉で伝えられるような期待や規範が生徒とのコミュニケーションの中で圧倒的な量と力を占めることになる（図5-4）。そして

生徒との関係の中で「あるべき姿」という目標だけが前面に出てきて、目標から外れた行動ばかりする生徒の未熟さだけが目についていらだちが募りやすくなる。その結果、教師と生徒の関係が、規範づくめの杓子定規なものになり、目標や規範から外れた行動をする生徒が抱いている戸惑いや痛みや悲しみや怒りが見えにくくなってしまうのである。

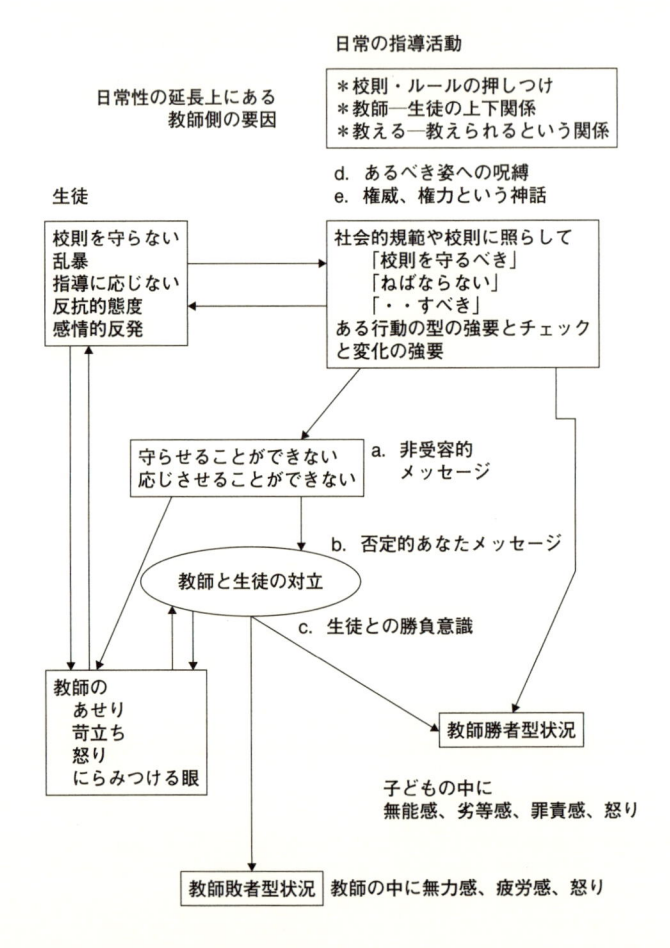

```
                        日常の指導活動
                        ┌─────────────────────┐
   日常性の延長上にある   │＊校則・ルールの押しつけ │
   教師側の要因          │＊教師─生徒の上下関係    │
                        │＊教える─教えられるという関係│
                        └─────────────────────┘
                        d. あるべき姿への呪縛
    生徒                e. 権威、権力という神話

   ┌─────────┐      ┌─────────────────────┐
   │校則を守らない│      │社会的規範や校則に照らして │
   │乱暴       │─────▶│「校則を守るべき」       │
   │指導に応じない│      │「ねばならない」        │
   │反抗的態度  │◀─────│「・・すべき」         │
   │感情的反発  │      │ある行動の型の強要とチェック│
   └─────────┘      │と変化の強要            │
                       └─────────────────────┘
                       
                  ┌─────────────┐    a. 非受容的
                  │守らせることができない│       メッセージ
                  │応じさせることができない│
                  └─────────────┘    b. 否定的あなたメッセージ
                          │
                          ▼
                    ┌───────────┐
                    │教師と生徒の対立│
                    └───────────┘    c. 生徒との勝負意識
                          
   ┌─────────┐                   ┌───────────┐
   │教師の     │                   │教師勝者型状況│
   │  あせり   │                   └───────────┘
   │  苛立ち   │                   
   │  怒り     │                   子どもの中に
   │  にらみつける眼│               無能感、劣等感、罪責感、怒り
   └─────────┘

   ┌──────────┐
   │教師敗者型状況│ 教師の中に無力感、疲労感、怒り
   └──────────┘
```

図 5-3　教師が陥りやすい問題のあるコミュニケーション・パターン

(4) 対立する教師―生徒間のコミュニケーションルール

家族、クラスといった集団（システム）には、独自のルールがある。遊びの中のルールも同じであるが、システム内の対人的相互作用の結果として、ルールが発生する。いうなれば、規定された分担に基づく各メンバーの役割行動ができてくるのである。役割が作られ、固定化されていくというのは、いじめの構造（図8-7）も同様であるが、個人に内在した特徴と考えているものの多くは、システムのルールと化した相互作用によって規定されているとも考えられるのである。

たとえば、教師に対して、反抗的な態度を繰り返す生徒がいて、その対立が長引いているという場合、そこには一連のルールが作られているのである（図5-4）。通常、教師は反抗的な生徒とみなして、その生徒が反抗的な性質をもっているからだと考える。しかし、その性質と思われるものが、システムのルールと化した相互作用の一部であるかもしれない。その行為を結果的に強化するような一連の作用が相互に連鎖的に生じていると考えられるからである。一旦、役割、ルールが固定化（安定化）すると、その役割、ルールから抜け出すのは難しくなる。メンバー間において、無意識的に（暗黙の内に）そのルールによるシステムの安定恒常化（自己制御性）が求められ、変化に対して抵抗さえも生じるのである。

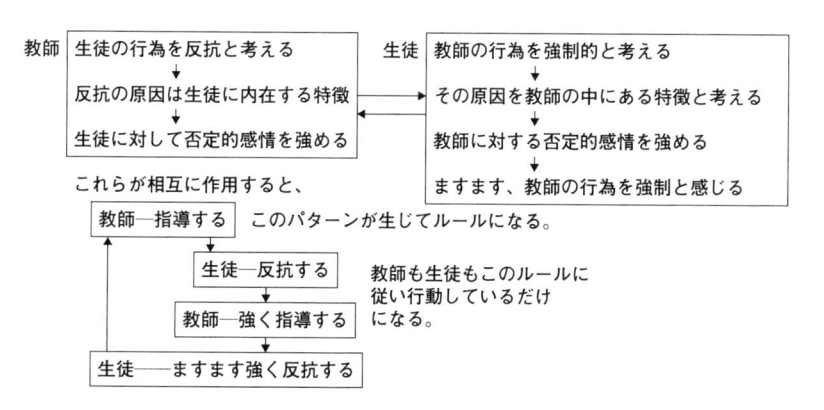

| 教師 | 生徒の行為を反抗と考える
↓
反抗の原因は生徒に内在する特徴
↓
生徒に対して否定的感情を強める | 生徒 | 教師の行為を強制的と考える
↓
その原因を教師の中にある特徴と考える
↓
教師に対する否定的感情を強める
↓
ますます、教師の行為を強制と感じる |

これらが相互に作用すると、

教師―指導する　このパターンが生じてルールになる。
　↓
生徒―反抗する
　↓　　　　　　　教師も生徒もこのルールに
教師―強く指導する　従い行動しているだけ
　↓　　　　　　　になる。
生徒――ますます強く反抗する

図5-4　対立する教師―生徒間のコミュニケーションにおけるルール

2 学校場面における問題行動の消長に寄与する教師側の要因

(1) 教師の価値観の問題
教室でどのような行動をより重大な問題とみなすかは、教師によって個人差があり、その基準は教師自身の価値観に強く根ざしている（図5-5）。

(2) 生徒との相性の問題
ある種の生徒には、教師が受け入れられず、教師のほうでも「どこかしっくりいかない」という感情を抱くことがあったりする。教師のその生徒に向かう諸行動が、このような「しっくりいかなさ」に巻き込まれてしまい、教師―生徒間に悪循環的相互作用が生じることがある。

(3) 事に即応して発揮される教師の人格的側面
問題をもつ生徒には、計画された手順というよりは、事に即応して発揮される教師の人格的側面が大きな意味をもつとされる。生徒との適切な人間関係は、それぞれの持ち味を自然に反映し、相手の現実についての共感があってはじめて成り立つが、そのためには広い意味での精神的余裕が必要である。この余裕を確保することが現実には非常に難しく、時には、問題とされる生徒との関係そのものが教師の側にさまざまな情緒的転移反応を挑発しやすい状況となることもある。

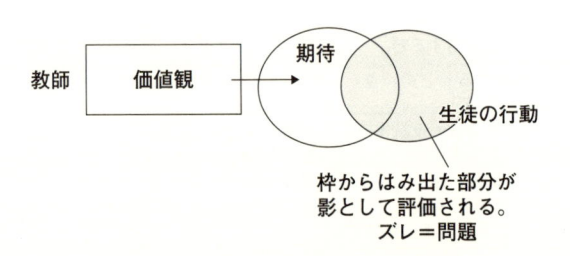

図 5-5 教師の価値観と問題の発生

表5-1 非行少年の陰性転移 (氏原他, 1992)

　彼らが示す態度には非常に特徴的なパターンがある。それは、主に彼らが繰り返し大人側からの取り調べ、指導・叱責（場合によっては警察等での取り調べ）を経験してきていることに由来すると思われる。指導とは、要するに彼らの非を正そうとする行為であるから、彼らのほうは、できるだけ自分を防衛しようとするであろうし、彼らにも三分の理があるというにもかかわらず一方的に非難され、自分の言い分を聞いてもらえない場合には、怒り、恨み、反感、敵意、不信、失意等、諸々の陰性感情を体験するであろう。したがって、彼らの内面に即していえば、常習者であればあるほど、そのような心的外傷体験を蓄積した人たちであるとみることができる。しかも、教師、指導者、臨床家が彼らと出会うときはたいてい何らかの権威・権力を背景としている。つまり、非行少年に対する心理療法は、いきおい強制的・職権的な導入にならざるをえず、不本意にも治療・指導の場におかれた彼らにしてみれば、過去に権威・権力から受けた仕打ちにつきまとうみずからの陰性感情を、まず当の権威・権力的背景や治療構造そのものに向けて転移する。

(4) 教師間の心理的連帯関係を形成する能力

　問題とされる生徒の指導を担任が1人で抱え込むという事態はよくある。その際に教師は、精神的に内向し、ゆとりを失い、生徒についての認識を硬化させ、転移反応を先鋭化させてしまうのである。このようなときに、教師への援助体制、他の教師との間での心理的連帯を確保する体制、場が必要となる。教師自身のストレスマネージメントや学校の場における普段の人間関係のありようがあらためて問われることになる。

3　生徒と接していて自分の気持ちを正直に受けとめること

　教師とて人間である以上苦手な生徒はいるだろう。そのような生徒は、一緒にいてイライラさせられたり、嫌な気分にさせられることもある。しかし、教師として大切なことは、このように他の人の中にみえる嫌なところは実は自分の中にあるモノかもしれないと考えてみることである。自分の中にあって認めがたいコト、モノを他人の中にあるように錯覚することを投影とよぶが、このようなことへの気づきを高めることで、苦手な存在

を排除するのではなく、受け入れてみようという気持ちが生まれるし、その対応に余裕が生じてくるのである。

　自分が生徒と接していてどのような気持ちになるのか、その気持ちを歪曲したり、否定したりせずに、正直に向き合うことができれば、教師自身が弱音を吐いて他の教師などに援助を求めるやすくなるだろう。教える─教わるという関係にとらわれずに、教師の側も生徒一人一人から教えてもらうことができるという構えをもつことも、苦手な生徒に接するときには役立つかもしれない。苦手な生徒と関わることで、何かしら学ぶことができるという認識をもって関わっていくと、その関係に新たな可能性が生まれることが期待される。

4　「私メッセージ」での関わり

　教師は「私メッセージ」の中で、まず何が自分に問題を引き起こしているのかを伝えることが必要である。教師として、受け入れられないことを非難・批判・評価を加えずに、まず事実だけを述べるのである。たとえば、「私はあなたが……しているのを見るとき」という形になる。教師が問題を所有するのは、「具体的な行動が起きる特別なとき」なのだと生徒に伝えることになる。生徒の「ある特別な行動や状況」に焦点を当てることで、生徒の全人格を評価しているのではないことを伝えるのである。また生徒はたいてい、自分の行動が他人に影響を与えていることがわからない。自分の欲求を充たすことで頭が一杯になっているからである。このような場合に、教師に「私メッセージ」で語られることにより、生徒は自分の言動によって教師の中にその感情が生じていることがわかるのである。

5　反抗の中にプラスの面を見いだす

　思春期の子どもが大人に反抗することは、発達上むしろ自然なことであり、このような子どもたちに、単に権力を振りかざして一方的に力で抑え

込もうとすることは、彼らの親がやっていることと変わりなく、かえって不満を強めてしまいやすい。そこで、一方では子どもたちの言い分によく耳を傾けることが重要になる。そのとき初めて子どもたちは、親とは違って自分の意見を受けとめてくれて、なおかつぶつかることのできる、手応えのある壁になってくれる「新しい対象」に出会えることになるのである。

今の生徒がみんな「キレる」わけでもないし、誰にでも「キレる」のではない。自分では対処しているにも関わらず、それを認められなかったときには、実際に「キレる」という行動に出てしまうのではないだろうか。彼らは彼らなりに自分のおさめ方を考えていることも多く、個別に呼んで、行動・態度などの表面的なことよりも、なだめながら「どうしたんだ」と内面へ焦点づけることで次第に落ち着くことが多い。彼らには彼らなりの言い分があり、生徒から教師への何らかのメッセージであると考え、教師は生徒が何を伝えたいのかを生徒の言葉に耳を傾け理解することも大切である。

Column5　児童期・青年期の問題行動、症例から示唆されること

✓ギャング・エイジの喪失

　前思春期の子どもは同性同士で徒党（ギャング）を組み、連帯感の中で社会化を学んでいく。仲間との連帯性が存在感の安定をもたらす時期でもある。しかし、そのような仲間関係は一朝一夕にできるものではなく、そこには出会いに始まる仲間づくりのプロセスがある。子どもは仲間をつくり、仲間と交わり、遊ぶという体験を通して、相手に対する自分の無限定的な期待や甘えに限界のあることを悟り、幼児的心性から脱皮していく。ところが、最近では仲間・徒党を組むという機会が減り、仲間づくりのプロセスが生活から抜け落ちてきているといわれる。プロセスとしての人間関係を体験することなく育つことが、他者との関わりを希薄なものにし、人間関係からの退却、ひきこもりを余儀なくさせているのである。

✓問題行動の三極化　身体化、行動化、内閉化（山中, 2001）

　1980年以降から思春期病理の時代的変化として指摘されていることに、悩む力の乏しさがある。不安や葛藤をためておく力が弱く、混沌とした未分化な怒りを「心の器」に納めきれなくて、「むかつく」という言葉で排出し、「むかつき」がひどくな

ると、「きれて」暴発するか、「引きこもる」かのどちらかになるのである。

身体化 「頭痛」「腹痛」「夜尿」「チック」「周期性嘔吐」「神経性下痢」「ぜん息」など、身体の症状を呈してくる。「やせ症」「過食症」などの外から見て一見でそれとわかるものばかりでなく、たとえば、「特発性腎出血」「起立性調節障害」なども心の中の問題の表現としてとらえられることがある。

行動化 本来心の内側に「悩み・葛藤」として抱えるもの、精神的症状として表現されてしかるべきものが行動として、外へ発散される。暴力としての行動化の現象やそうしたものが陰湿化した「いじめ」「非行」、ときには攻撃の対象が自分自身に回帰して「自殺」という形をとる場合もある。

内閉化 社会的次元において、他者との交流をさけ、もっぱら閉じこもり内閉する現象であり、さらには、外的・表面的次元においては、ほとんど、出力エネルギーがゼロの状態に近づいて、もっぱら、「無為」と見える状態を呈することが多い。

✓自己愛性と社会からの退却

現実的な理想の形成に失敗した青年は、幼児的全能的自己像を持ち続けていることが多い。こういう自己愛は傷つけられると怒りを生じる。世界が自分の思い通りに動いてくれないとき、自分に愛情と賞賛を注いでくれないとき、彼らは当然得られるべきものが得られないと感じて傷つき、おびえ、怒るのである。

幼児的全能的自己像を維持しようとする青年にとって、それを困難にする現実世界はこわいものになり、その世界はますます彼らを傷つけるものとして迫ってくることになる。学校生活の人間関係、試験などは、きわめて曖昧で脅威な状況であるため、そこで自分を確認できる、自信を保てる安全で確実な場へ逃げようとする。

✓解離性同一性障害あるいは多重人格の傾向

人生の必然として、私たちはその心の内奥に矛盾や葛藤を抱え、また両価性（アンビバレンス）に悩むものである。良い自分と劣った悪い自分との葛藤、そういう葛藤や矛盾をもちつつ、なんとかそれを自分という1つの人格の中に統合しようと努力するわけである。しかし、最近の青年期の症例の中には、矛盾したものを抱えその間の葛藤や両価性に悩むのではなく、容易に別の人格になってそれぞれの側面を生き、葛藤を悩むことを巧みに回避しているように見えるものが多いと指摘される。

この人格の統合の放棄が境界性人格障害や解離性同一性障害につながり、極端な場合、見せかけの良い子、普通の子という外面と、ものすごく攻撃的で、怒りに満ちた内面の二面性、スプリットがあって、残忍な片方が残酷なことをすることになる。

第6章 発達障害への教育的支援

1 発達障害の諸相

　発達障害とは何らかの中枢神経機能の障害、出生前後の障害により生じた機能消失のために認知、感覚、言語、運動および社会性の獲得が障害されたものをさす。その「程度」が周囲から「障害」として理解されにくいほどの非常に微妙ではありながら、現在の生活を営むうえで少なくない支障をきたす場合を軽度発達障害とよぶ。発達障害にはさまざまな状態があり、詳しくは専門書に譲るとして、以下簡単に概略を説明する。

(1) 精神遅滞（Mental Retardation/MR）
　知的機能が平均よりも明らかに低い（知能検査で IQ70-75 以下）。適応技能（コミュニケーション、身辺処理、家庭生活、社会的技能、地域社会の利用、自己管理および自己決定、健康と安全、実用的教科、余暇、仕事）の2つ以上の領域で支援を要する。

(2) 学習障害（Learning Disorder/LD）
　基本的には精神遅滞によるものではなく、聞く、話す、読む、計算する、または推論する能力のうち、特定のものの習得や使用に著しい困難を示すさまざまな状態。単なる学業不振や学習全般の遅れとは異なり、学習面にばらつきがある（表6-1）。

(3) 広汎性発達障害（Pervasive Developmetial Disorder/PDD）

自閉症と同質の社会性の障害を中心とする発達障害の総称で、中に自閉症、高機能自閉症、アスペルガー症候群などがある。自閉症は、3つの基本兆候として、相互的な社会関係の発達の質的異常（対人的相互反応における質的障害）、コミュニケーションの発達における質的異常（意思伝達の質的障害）、反復的・常同的行動あるいは執着的な興味ないし活動の限局のあるものをさす。アスペルガー症候群はこの3つの兆候のうち、発達初期の言語発達に遅れがないといったコミュニケーションの障害が非常に軽微な群をさし、知的障害をもたない自閉症を高機能自閉症とよぶ（表6-2）。

(4) 注意欠陥多動性障害（Attention-Deficit Hyperactivity Disorder/ADHD）

中核症状として注意集中困難、多動性、衝動性からなる症候群である（表6-3）。学習障害を伴っていることが少なくなく、教室でじっとしていられないという状態の場合、その背景に学習上の問題がないか確認することが必要である。また不安や抑うつの問題が生じていたり、自己イメージの低さから反抗や行動障害へと発展する場合もある。

表6-1　LDの表れ方と付随する困難さ

言語性LD	他の能力に比して言語能力に著しい落ち込みがある。主に言葉の使用・言葉の意味理解に困難を示す。
非言語性LD	他の能力に比して非言語能力に著しい落ち込みがある。主に形をとらえることや空間の位置関係をとらえるなどといった、視知覚・空間認知に困難を示す。
注意・記憶障害	注意する、憶えておくといったことに困難を示す（注意と記憶は学習の際、必要不可欠な力である）。
混合性LD	言語性LDの問題と非言語性LDの問題を併せもつ。
その他、付随する困難さ等	粗大運動が苦手、手先の不器用さ、状況把握・判断力の弱さ、ソーシャルスキルの弱さ、等。

表 6-2　アスペルガー症候群の障害の特徴

対人的交流の障害	・発達の水準に相応した仲間関係をつくることの失敗。 ・楽しみ、興味、成し遂げたものを他人と共有することを自発的に求めることの欠如。
非言語的な コミュニケーション の障害	・目と目で見つめ合う、顔の表情、身体の姿勢、身振りなど、対人的相互反応を調節する多彩な非言語性行動の使用の顕著な障害。
言語の特異性 （語用論的障害）	・表面的には、完全な表出言語を有する。 ・字義通りの言語理解をし、言外の意味は理解しがたい。 ・音声の韻律が不適切。
狭い独特な興味、 関心事	・興味の対象が特異的であるか、またはその興味のもち方が強迫的である。 ・その強度、または対象おいて、異常なほど、常同的で限定された型の1つまたはそれ以上の興味だけに熱中する。 ・ものの収集や事実の記憶と関連することが多い。
型にはまった 行動パターン	・生活のさまざまな場面で、型にはまった行動パターンがみられる。 ・特定の、機能的でない習慣や儀式にこだわる。

表 6-3　ADHD の中心症状と行動の様子 （尾崎ら, 2001）

	ADHDの中心の3症状	見られる様子（例）
不注意	・注意・集中が適切にできない ・集中すべきときに集中できない ・注意が散漫	・整理整頓が苦手 ・なくし物・忘れ物が多い ・ぼんやりしている ・話しかけても聞いていないように見える
多動性	・落ち着きがない ・不適切によく動く ・しゃべり過ぎ	・授業中の立ち歩き ・体の一部をそわそわ動かす ・しゃべり出すと止まらない
衝動性	・外部からの刺激に対して衝動的に反応する ・気持ちを抑制できない	・順番が待てない ・質問が終わる前に答える ・結果を予測せず行動する ・カッとなりやすい

(5) その他の障害

運動能力障害、発達性協調運動障害、コミュニケーション障害、著しく限定された語彙、時制の誤りをおかす、単語を思い出すことや発達的に適切な長さと複雑さをもつ文章を作ることが困難な表出性言語障害、表出性言語障害の症状、および単語、文章、特定の型の単語、空間に関する理解の困難な受容―表出混合性言語障害、音韻障害、発達性構音障害、吃音などがある。

2　知能発達検査

心理・教育アセスメントとして、WISC や K 式発達検査 2001、K-ABC が用いられることが多い。これらの検査では知能の発達レベルのみならず、構造的な診断的理解が可能である。

(1) WISC-Ⅲ（幼児の場合は WIPPSI）

言語性と非言語性（動作性）の個人内差および、下位検査間の個人内差（ばらつき）を知ることができる。言語性と非言語性との間に大きな差がみられる、あるいは下位検査間に大きな差がみられる等が LD の判断の指標となる。

(2) K-ABC（2-12 歳半まで）

学力尺度と知的情報処理能力として、同時処理能力（アナログ処理；情報を一瞬にとらえて判断する）と継時処理能力（デジタル処理；順々に提示される情報を処理する）を測定診断できる。同時処理と継時処理のどちらがより得意か、といった個人の情報処理の特性を知ることができる。

(3) K 式発達検査（0-14 歳まで）

姿勢・運動、認知・適応、言語・社会の 3 分野に分けて、発達指数が算出されるので、発達の遅速や各領域ごとの発達のズレの診断が可能である。

3　学校の体制として注意すべき視点

(1) 個別の教育支援計画の必要性

　学級集団の一員であることから利益を得ることが期待できない場合、教師が「特殊」なニーズをもつ生徒として対応を考えることが必要である。早期発見と対応のためには、特殊な徴候に気づくことが必要で、障害や問題を見逃していると、問題を増幅してしまったり、第2次、第3次の問題が発生する危険性が高い。実態把握をもとにして、さらに心理アセスメント等により情報を収集し総合的解釈を行った後、個別の指導計画を作成していくことになる。

　①個性を理解して、じっくりつきあうこと

　学校現場に障害名は必要ないかもしれないが、障害についての理解は必要である。児童の行動や学習のつまずきで気になったときにはいろいろな角度から情報を収集することが重要である。現状を知るために今までの育ち（生育歴・教育歴等）を情報収集することも必要であろうし、気になる部分のさらに裏づけとなる認知面や医学面の情報収集を行うなど、それまで以上に裾野を拡大して情報収集する姿勢が大切である。行動は心の表れとして、行動の裏にある心にしっかりと寄り添うことも必要になる。

　②教育的支援のためのプログラムの策定・実施

　見立てとして、生育歴、入学前の情報が必要であるし、観察情報や心理検査などによる認知特性についての情報が必要になる。行動の様子については、表6-4に示すように、事前の状況、行動、事後の状況といった一連の文脈の中で、何が起こり、結果としてどのような状況になるのかといったことの具体的情報が必要になる。このような情報から見立てに基づいて、支援計画―行動予測を立てて、対応することになる（図6-1）。

(2) 保護者の継続的努力を支える相談体制づくり

　軽度発達障害の生徒の支援はチームで情報を共有してあたることや、保

表 6-4　問題行動の分析例

友達に対する暴力的行動

	事前の様子	行　動	事後の様子
1	始業のチャイムがなったときに算数の本を読んでいることをたしなめられる。	友達に対してイスを投げつけようとする。	周囲に止められる。友達が逃げる。
2	国語の時間の発言で誤ったことを指摘される。	鉛筆削りで芯をとがらせて、指摘した友達の目をつつきにいこうとする。	先生に両手を制止される。事情を話すと指摘した友達が謝る。
3	図工の時間、はさみで切り間違えたところをからかわれる。	友達に対して、はさみを投げようとする。	先生に腕をつかまれてはさみをおき、その後、トイレに駆け込む。
4	音楽の時間、鍵盤ハーモニカでタンギングができないことをからかわれる。	鍵盤ハーモニカの箱で友達の頭をたたきにいく。	先生に鍵盤ハーモニカの箱をもたれる。しばらくすると、自分でおろし、ほめられる。

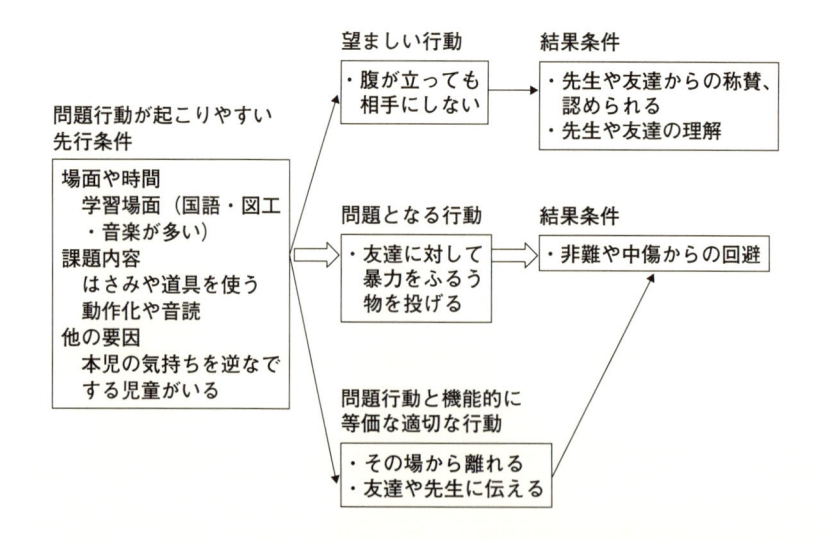

問題行動が起こりやすい先行条件

場面や時間
　学習場面（国語・図工・音楽が多い）
課題内容
　はさみや道具を使う
　動作化や音読
他の要因
　本児の気持ちを逆なでする児童がいる

望ましい行動
・腹が立っても相手にしない

結果条件
・先生や友達からの称賛、認められる
・先生や友達の理解

問題となる行動
・友達に対して暴力をふるう　物を投げる

結果条件
・非難や中傷からの回避

問題行動と機能的に等価な適切な行動
・その場から離れる
・友達や先生に伝える

図 6-1　問題行動の分析と対応

護者の継続的努力を支えるための相談援助体制を作ることが必要である。親は子どもへの対応の方法や将来を思って、とまどいや不安に駆られていることが多く、そのために現実の否認、援助への抵抗が生じることもある。また意気消沈して動きがとりづらくなっている親もいる。双方向性をもった協同的な関係づくりを心がけて、目的、情報の共有を行っていく。

(3) 子ども自身に障害をいかに伝えるか

誰から、何のために、どのように伝えるかに配慮する必要がある。それは「同意する」ということよりも、「共感」に根ざした営みであり、個人の尊厳というものを普段から真摯に考えているかが問われることになる。伝える時期は子ども自身が知りたいと望むようになったときが1つの目安となるであろう。

4　生活の場における発達障害と関係性の問題

(1) 発達臨床における「主訴」

発達臨床における「主訴」は、言葉の発達の遅れや基本的生活習慣の未確立など、能力上の問題であることが多いため、こうした「主訴」は当然のことながら、保護者の立場からは、子ども自身に本来帰属されるべき問題であると認識されている。したがって、そのような問題は実際の生活上での困難にどの程度つながっているかということよりも、「よその子どもと比較して、遅れているのが気になる。このまま学校に行けるか心配だ」という保護者自身の不安の問題が背景にあることが多い。一緒に生活するうえで何が本当に困るのかが問題にされる前に、まずは「平均的な発達ではない」という事実が「主訴」とされるのである。

(2) 共に生きることの難しさ

図6-2に示すように、平均から逸脱していると目される子どもの保護者は、その「−α」を問題として、訓練によってでも何とか減じたいと願う

```
障害（disability）を負った子ども ＝「平均的な子どもの発達像－α」
＊発達検査や知能検査による学的視点（社会、文化の共同主観）
　・進歩・向上の肯定的イメージに基づく「発達」概念
＊主訴としての「－α」
＊「－α」は常に子どもの内部にあり、それゆえその「－α」を取り戻し
　て、健常な子どもに近づけることこそ、願わしいことという思い
＊「－α」を取り戻すための療育訓練
＊従来の心理臨床での治療、問題解決の発想
　・問題を個人内部にあると考える
　・個人の内部にある、その「－α」という問題を除去・低減すること
```

```
子どもの生活の場
子どもと周囲の人の「生きにくさ」
```

障害は周囲の者を巻きこんで成立している

```
二次的な障碍（handicap）の発生
関係障害
```

```
親子のあいだにとげとげしい雰囲気
子どもの今の姿をそのまま受け入れて
　肯定的に映し返す構えをとれなくなってしまう
```

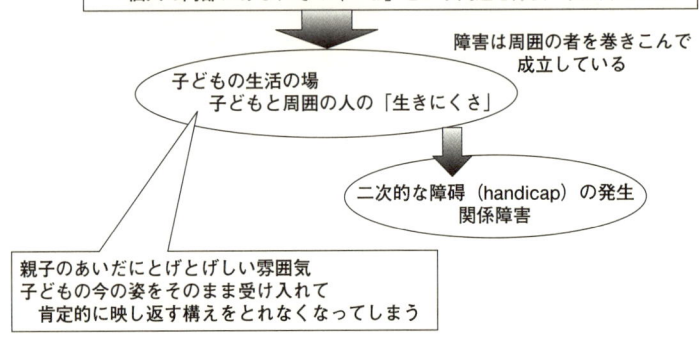

図6-2　障害をもつ子どもと関係性（鯨岡, 1999を図式化）

のである。しかし、この願いは往々にして子どもの現実を受容することを妨げ、思い通りにならない子どもを前に親は苛立ち、その結果、子どもと一緒に楽しく遊んだり、子どもの今の姿をそのまま受け入れて肯定的に映し返す構えをとれなくなってしまう。皮肉にも「－α」という問題意識自体が子どもとの毎日の生活に難しさを持ち込み、障害を超えて、親子のあいだにとげとげしい雰囲気が生まれる結果になってしまうのである。その障害がなければ楽しい経験を多数共有できたはずのところで、それらの肯定的な経験を奪われ、さらには肯定的な映し返しの機会を奪われてしまうことで、二次的な障碍（handicap）、関係障害が発生してくる（鯨岡, 1999）。

(3)「個」への援助から「関係」への援助へ

　障害であれ、パーソナリティの病理であれ、個が抱えているかに見える問題を周囲の人と「共に生きることの難しさ」としてとらえ直した場合、「どうすれば周囲の人と共に生きることができるようになるか」と問い直すこともできる。障害や「つまずき」をもった子どもの生活の場に立ち返ってみれば、それらの子どもと周囲にいる人たちがその生活の場において何らかの「生きにくさ」を感じている。問題を当該個人にすべて押し込めてその問題解決を図るという発想から離れて、周囲の人が変わることはもちろん、社会文化の価値観や考え方、思いが変わることによっても、子どもばかりでなく周囲の者も「周囲の人と共に生きる」という展望を切り開くことができる。「言葉の遅れ」を主訴とした母親が子どもと共に生きる展望をどうにかもてるようになって表情が明るく変わるとき、子どもの気持ちもまたほぐれてくるのである。

Column6　言語化の効用2

✓悩みと距離をとる効果

　言葉を自分について語るために使用するなら、言葉は自己観察、自己洞察の媒体となる。語り、話しながら、その話についてまた語ることができることで、自分を提示しながら、提示された自分と出会い、自分を見つめて自分を深く知るというさまざまな「知の営み」を行うことが期待できる。

　そして言葉で自分について語り、その語り方や語る内容についてまた考えることができることで、問題と距離をとり、自分自身を対象化、客観視することが可能になるのである。

　言葉の能力のおかげで、生徒や教師の話し方、リズム、ピッチ、その性格について語ることもできる。これを通して教師は生徒の話を照らし返す「鏡」やこれを受けとめる「器」として機能することもできるのである。

✓過去を再構築する

　精神療法の言語的な仕事が「人生物語を紡ぐこと」、そして「人生を語り、語り直すこと」であるともいわれる。これは古典的精神分析でいうところの過去の再構成という仕事である。当然のことであるが、これは語ることや物語にすることが、言葉により促進され担われる活動であることが強調されている。

　繰り返し語られる「人生の台本」に耳を傾けることで、さまざまな糸を織り込んで紡がれてきた人生物語を理解することができる。反復されることは心の台本だけではない。教師と生徒というような現実的な関係もあるし、そこでのさまざまなレベルでの気持ちのやりとり、過去と現在と未来、あるいは内と外、そして幻想と現実などの諸体験を総合して束ねる言葉の仕事によって行われることになる。さらには、過去からの反復は現実的関係や言語的理解などが織り込まれ、新たな関係をつくり上げていくことで、考え、味わい、人生物語そのものも語り直され、生き直されることになる。

✓過去をリメークする

　自分のストーリーを語ることは、体験を語り直すことであり、現在という紙の上に歴史を書き上げることである。語り直しとは、聴き手が知らなかったことに反応して、語り手が記述し直し、説明し直すことである。両者は影響し合いながら共に進化するが、経験とその記述もまた同時に進化を遂げる。語り直しといっても、それは単に聴き手がそれまでに見聞きしたことを語ることではない。聴き手は、以前あったのと同一の描写やストーリーを浮かび上がらせるのではなく、「いまだ語られていない」鉱脈を探るのである。

第7章　不登校・ひきこもりへの支援

1　症状としての不登校という考え方

　不登校とは、文部科学省の定義によると「何らかの心理的、情緒的、身体的、あるいは社会的要因・背景により、児童生徒が登校しないあるいはしたくともできない状況にあること（ただし、病気や経済的な理由によるものを除く）」とされるが、わが国で不登校の問題が注目され始めたのは1950年代の後半である。それまで一種の怠学（怠け休み）としての認識しかもたれていなかったものが、強い不安や恐怖のために学校に行けないという症状をもつ児童生徒に対して、欧米で用いられていた学校恐怖症という呼称で、その症状や成因等について初めて関心が向けられるようになった。その後、欧米での呼称の変遷に伴い、わが国でも登校拒否という用語が広く用いられるようになる。ところが、1980年代になると、数的増加やそれに伴う多様化によって従来の概念では把握できないケースも多くみられるようになり、それらも含めて登校拒否として括られることが多く、この概念自体に曖昧さがつきまとうようになっていく。そこで、1980年代後半から、広く学校へ行けない、あるいは行かない状態や症状をさすものとして不登校が用いられるようになり、文部科学省の学校基本調査でも2001年度からこの用語が使われている。

2 不登校の定義と類型

　先に述べたように、不登校は子どもが示す社会的な次元での状態や症状としてとらえられていることから、その範疇で括られるものは多様であり、経過や予後、援助のあり方も一括りにはできないのが現状である。「うつ病」や「統合失調症」といった精神障害による1つの状態として不登校になっているというケースもあるが、表7-1はそのような二次性の不登校を除いた不登校の分類の一例である。A 神経症タイプは登校の意思は示しつつも、いざ登校の朝となると、身体的、あるいは精神的な不調を訴えて家を出ることができなくなるという情緒的不安定、混乱による不登校タイプである。このタイプは親や周囲の期待や評価に翻弄された結果、挫折に追い込まれた子どもが多く、就学への義務感や不登校への罪悪感が強い「優等生息切れ型」とよばれるタイプが典型とされてきた。ところが、近年では次に述べる C 怠学タイプとの区別がつきにくい B 無気力型の増加が指摘されている。B 無気力タイプは不登校への罪悪感が乏しく、迎えに行ったり、強く催促すると登校するが、長続きしないタイプである。C 怠学・非行タイプは遊ぶために非行グループに入ったりして登校しないタイプである。これらの他には、いじめや嫌がらせをする生徒の存在、教師との人間関係等、明らかにそれと理解できる学校生活上の原因から登校せず、その原因の除去が指導の中心になるタイプであるとか、学校へ行く意義を認めず、自分の好きな方向を選んで登校しないタイプもある。また年齢によって表現の仕方にも違いがあり、たとえば、小学生の場合は「腹痛」「頭痛」といった身体症状がおもてに表れることが多く、これは自分の悩みを言語化する能力がまだ育っていないため、身体の言語で表現していると考えられたりする。中学生になると、家庭内暴力などが表面化したりする場合があり、高校生になると、ほとんど部屋に閉じこもりきりになったりする「内閉型」が現れたりする。

表7-1 不登校の類型・態様（菅野，1995）

A：神経症タイプ
・初期の頃は、前の晩までは学校の準備をし、行く気になっているが、朝になると起きられず、頭痛、腹痛、吐き気などの身体症状を呈したり、苛立ち、攻撃など情緒不安定を示し、登校不能となる。しかし、学校が終わる時間になると情緒も回復し、「普通の子と変わらない」状態となる。
・几帳面、真面目だが柔軟性や融通性に欠け、過敏、被害的になり対人関係につまずくことが多い。
・はじめ不登校状態に強い罪悪感を抱き、苦しむが、不登校を通して内面的成長を遂げる子も多い。

B：無気力タイプ
・両親の離婚、経済的不安定など家庭的要因が強い場合と、学業不振、精神遅滞など知的要因が強い場合、その両方が重なっている場合などがある。
・学習や学校生活が高度化するにつれ、学校生活に不適応を起こし学校から離れていく。社会性に欠けるため、家に閉じこもりがちとなる。
・教師や友人の働きかけには拒絶せず応じることがあるが、働きかけがなくなると不登校状態に戻ってしまうことが多い。

C：怠学・非行タイプ
・高校であれば、中退につながるタイプである。表面的には、わがまま、甘え、耐性不足が目立つが、不登校初期には頭痛、腹痛など身体症状もみられることがあり、不登校状態に葛藤していることがわかる。
・長期化してくると、同じようなタイプの子とつながりをもち、盛り場徘徊、万引き、喫煙など非行問題を起こすこともある。
・教師や友人の働きかけに対してはアンビバレンツ（拒絶を示しながらも、求めている）な態度であり、言葉で言っていることと本心のギャップがみられることが多い。

3　不登校の経過・予後、および対応

　表7-2は不登校の回復の経過を示したものであるが、発症年齢によっても違いがみられ、小学校低学年では比較的早期に学校復帰が可能とされるが、中学生以降になると2～3年、場合によってはそれ以上の期間欠席が続くこともまれではない。予後としては、不登校の子どもの半数以上（おそらく7割強ほど）は社会的に良好な適応を示すようになるが、一部（2

表7-2 不登校の回復の経過（佐藤，黒田，1994を修正）

期		段階	状態
初期	I期	身体的愁訴の段階	子どもが腹痛や頭痛など、身体の不調を訴えている時期で、身体の調子が悪いと親も子どもも思い、まだ登校拒否の始まりだと気づいていない。
	II期	不登校の合理化の段階	親や医師が子どもの身体の不調は心理的なものからきていると思い始め、不登校を疑う。子どもは学校について不満を述べ、学校へ行けない責任は学校や友達にあるという。
中期	III期	不安、動揺の段階	子どもの言うことは言い逃れだと親は子どもを責め、登校を求める。それにつれて子どもは情緒的に落ち着かなくなり、親は援助を病院や専門機関を訪れる。家庭内暴力も起き始めることがある。
	IV期	絶望、閉じこもりの段階	脅したり、すかしたり、哀願したり、いろいろ試みても、事態は解決しないで悪化していく。しかし、親はあきらめずに登校を促したりする。子どもの部屋では、学校に関係する制服や教科書などが姿を消して、生活は荒れる。子どもは外に出ず、閉じこもりがちになる。
	V期	あきらめ・自己探索の段階	絶望の時期を通り過ぎて、親にあきらめが出てくる。覚悟を決めると、家庭内の緊張が次第になくなり、一方子どもはゲームやテレビに夢中になりながらも、過去の自分を振り返り始める。「どうしてこんなコトになったのか」と考え始める。
後期	VI期	回復の段階	子どもは一段と生活の中で落ち着き始め、学校のことにふれても嫌な顔をせず、時にはその話に乗ってくる。乱れた日常生活に活気とけじめが戻り始める。
	VII期	学校復帰の段階	4月、9月、1月などの学期始め、修学旅行などの学校行事をきっかけに専門機関や学校のもとに復帰する。行ったり休んだりの散発的登校からしだいに出席日数が増え、そして完全に学校に復帰する。
	VIII期	完全な回復の段階	完全に不登校から脱して、健全な生活をするようになり、親も子どもも学校へ行けなくなるかもしれないという不安から解放される。

＊原著では登校拒否と記しているものを不登校と標記

割強ほど）には社会的適応の難しい不安定な状態にとどまるものがあるとされる（齊藤，1999）。

　精神障害を疑う場合はまず何よりも病院やクリニックの受診を薦めなければならないが、関わりや援助のあり方は、不登校のタイプ、発症年齢、経過の段階、援助者の立場などによって異なり、一括りにはできない。神経症タイプは休ませるばかりでなく、周囲（たとえば、担任教師）の積極的な関わりが回復を促すことも報告されている。ただ「学校へ来ることがゴール」という考え方は捨てるべきであり、教師として、親として、登校してほしいという願望はもってはいても、子どもにとって何がベストかどうかは慎重に考える必要がある。

　ただ時期を追って対応の基本についていうならば、まずは前兆に気づくことが大切であり、初期の対応としては登校刺激をすることが功を奏することもあれば、かえってそれで抵抗を強める結果になることも多い。また家庭訪問をしたり、直接話ができないような状態のときは不登校の理由をたずねるとか、学校の話をすることは避けるべきで、むしろその生徒の好きなこと、得意なことを話題にしながら、学校と本人とのパイプをつなぐことを大切にすることが必要である。また働きかけには持続性が必要で、無理なことをすると、結局手を引くような事態に陥りやすい。さらに不登校からの回復に影響を及ぼす要因として、以下のことがあげられている（齊藤，1999）。また、桑原（1999）は子どもの心を大切にしようという気持ちとともに、子どもに「心のエネルギーを使ってくれる」「ほど良い」親や教師の存在が必要であると指摘している。

＊腹を据えた親の支持が存在したこと。
＊それに守られて子どもの心の再建が一定水準まで進んだこと。
＊外部の情報が適切な量とモード（押しつけを感じさせない遠いラジオの声のように）で途絶えることなく伝えられていたこと。
＊適度な高さのハードルたる社会的活動の場がタイミングよく出現したこと。

＊その活動との結びつきを仲介してくれる人や機関が存在していたこと。

　その他、学校、専門機関（児童相談所、教育相談機関、精神科診療所など）の協力的支援はもとより、基礎教育の学び直しや社会性の発達を促すような「中間的な居場所」の提供が回復へ向けての重要な鍵となる場合もある。今日の社会状況を反映した取り組みの一例として、学習指導員との電子メールの交換や、ネット上の掲示板での同世代の子どもたちとの交流などが盛りこまれた地域ネットワークによる支援も試みられており、一定の成果が報告されている。

4　ひきこもり（社会的ひきこもり）への支援

(1) ひきこもりとは

　「ひきこもり」「社会的ひきこもり（social withdrawal）」という言葉は、不登校同様に症状、ないしは状態像として使用される用語である。ひきこもりは学校に行くことや、仕事に就くこともなく、家族以外との人間関係を避けて家に閉じこもっている状態を指し、そのタイプにはさまざまなものがある。たとえば、近藤（2001）は広汎性発達障害を中心とした「対人関係に生来的なハンディキャップを持つ人」、統合失調症を中心とする「人生のどこかで発症した精神疾患を持つ人」、神経症圏やパーソナリティ障害圏を中心とする「心のクセを背景とする人」の3群に分け、心のクセ群の下位分類には、自己愛型、スキゾイド型、強迫型をあげ、それぞれへの精神療法の指針を提案している。

　ひきこもりは長期化するに伴い、対人恐怖、強迫症状、抑うつ気分、不眠、家庭内暴力、被害念慮、希死念慮や自殺企図等がみられることもあるが、こうした症状もひきこもり状態からの脱却に伴って軽減したり、消失することが知られており、二次的なものとみなされている。また、年齢や性別に関して、これまでに報告された調査結果を総合すると、ひきこもり

は 20 歳代が最も多く、女性にくらべ男性の割合が圧倒的に多いことが知られている。不登校との関係では、後にその 7 割強が良好な社会適応を示していることからも、単純に不登校からひきこもりに移行するとは考えられない。

(2) 家族支援の重要性

　統合失調症、うつ病等の精神疾患による二次性のひきこもりについては、不登校同様に背景にある原疾患への治療的アプローチが原則であり、不安感や恐怖感、強迫症状、抑うつ、意欲低下、思考抑制などが見られる場合は薬物療法が著効する場合があるとされる。しかし、一般的にひきこもりについては、当事者の病理という問題を超えて、それを文化・社会的状況の反映としてとらえ、個人に対するカウンセリングや精神療法のみならず、家族を介しての治療的介入が大きな意味をもっている。たとえば齊藤（2002）はひきこもりを個人、家族、社会の 3 つのシステムが接点（コミュニケーション）を失い、それがきっかけとなって悪循環が起こっている状態だと述べている。ここで問題となるのが、世間体を気にしてその事実を隠そうとしたり、誰にも相談せずに抱え込もうとするわが国特有の家族システムのあり方である。そこで、家族システムの悪循環を断ち切り、健全なコミュニケーションを取り戻すために、当事者のみならず家族をも巻き込んだ援助が求められることになる。

　また厚生労働省（2001）は、「社会的ひきこもり」をめぐる地域精神保健活動のガイドライン（表 7-3 にⅢ章 2 節の抜粋）を全国の精神保健福祉センター、保健所、児童相談所などに配布し、当事者以外の家族をも含めた対応など相談活動の充実を図っている。これには援助に向けての原則が明確にされている。また、このガイドラインでは家族支援の重要性が強調されており、これまでの当事者中心の援助から一歩踏み出した提言内容となっている。こうした観点からのアプローチは、犯人探しの不毛性から脱却し、援助や支援のあり方を方向づけるという意味において有効性が高いと考えられる。

表 7-3　家族支援の重要性*

家族支援を第一に考える
■家族自身が支援の対象
■家族を支えるために伝えること
・ひきこもりは誰にでも起こりうる事態であること
・なまけや反抗ではないこと
・過保護や放任など過去の家族の問題が原因とは決めつけないこと
・対処の仕方次第では解決できる問題であることなど
■少しの変化を試みる助言
■家族自身の居場所も確保する
■危機介入の必要性の判断
家族支援が本人の支援につながる
　まず、本人と家族の状況を把握し、良い兆候に焦点を当てる
　家族の対処を変える働きかけ
家族との相談の構造

*「社会的ひきこもり」をめぐる地域精神保健活動のガイドラインⅢ章2節の抜粋)

(3) 学校としてのひきこもり予防

　ひきこもりの予防は本来、学校が行うものではなく、個々の家庭教育や社会集団のさまざまなレベルで行われるものである。しかし、不登校がひきこもりにつながらないように、あるいは一旦再登校を果たした生徒のひきこもりを予防するためには、家族が積極的な予防のために機能できるように支援することが必要である。そこで教育相談等での目標は家庭の教育力の向上ということになる。たとえば、吉川（2001）は再登校を果たしたケースにおいては、その功績を保護者に帰属させるといった方法で、保護者に自信をもたせるような配慮が考えられても良いと指摘している。また学校と家庭では問題の理解や対応に齟齬が生じたり、保護者に問題意識の乏しい場合があり、このような場合、保護者に問題の理解を得ようとすることよりも、問題について話せる「関係」を作るという援助がまず基本となる。学外の専門機関の利用も重要な手段であるが、その場合、対象となる生徒や保護者が利用するだけではなく、教職員がコンサルテーションを受けることも視野に入れるべきである（吉川, 2001）。

第8章　いじめへの対応

1　現代のいじめの特質

　図8-1と図8-2は首都圏11校の大学生・短大生（男性358人、女性968人）に聞いた小学校・中学校時代の体験として、いじめに加わったときの気持ち、いじめられている子への行動についての質問結果である。この結果から浮かび上がってくることは、現代の小中学校生徒の主体性のない「いじめ」に向かう気持ちと、「いじめられている子」への消極的対応である。判断力が乏しく、不満があると抑止できないで、付和雷同的にいじめに参加する。いじめているほうは遊びでも、その関係は常に一方的で、一方が不快を感じ、固定化されている。小中学生の場合、いじめっ子の80％は何らかの友人関係にある子を相手にしているのが特徴である。

　遊び型、快楽嗜好（遊び）型のいじめとなると、相手の反応がおもしろいから、いじめられる子がただ黙っていたり、ヘラヘラしていたりすると、いじめがエスカレートして身体的暴力に最も結びつきやすい。いじめられてもヘラヘラしている理由として、いじめを受けている自分の惨めな現実の姿に耐えられないから、自分の自尊心を保つためには、「これはいじめではない、一緒に遊んでいるだけだと自分に言い聞かせていることも、……」という意見もある。いじめられる生徒がいじめ側に同調すると、いじめられる生徒といじめる生徒の区別がつきにくくなり、同じ「非行」グループのようにみなされてしまう。そのため「いじめ」と「ふざけ」の境界が曖昧になっている。

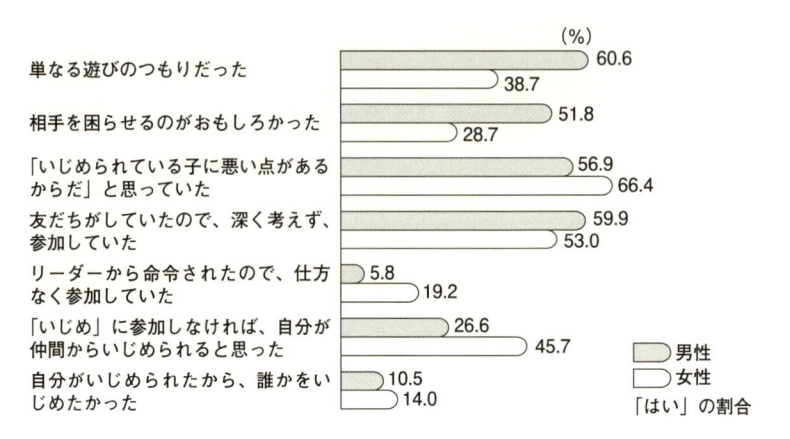

図 8-1　いじめに加わったときの気持ち

- 単なる遊びのつもりだった: 60.6 / 38.7
- 相手を困らせるのがおもしろかった: 51.8 / 28.7
- 「いじめられている子に悪い点があるからだ」と思っていた: 56.9 / 66.4
- 友だちがしていたので、深く考えず、参加していた: 59.9 / 53.0
- リーダーから命令されたので、仕方なく参加していた: 5.8 / 19.2
- 「いじめ」に参加しなければ、自分が仲間からいじめられると思った: 26.6 / 45.7
- 自分がいじめられたから、誰かをいじめたかった: 10.5 / 14.0

□ 男性　□ 女性　「はい」の割合

（ベネッセ未来教育センター，2003）

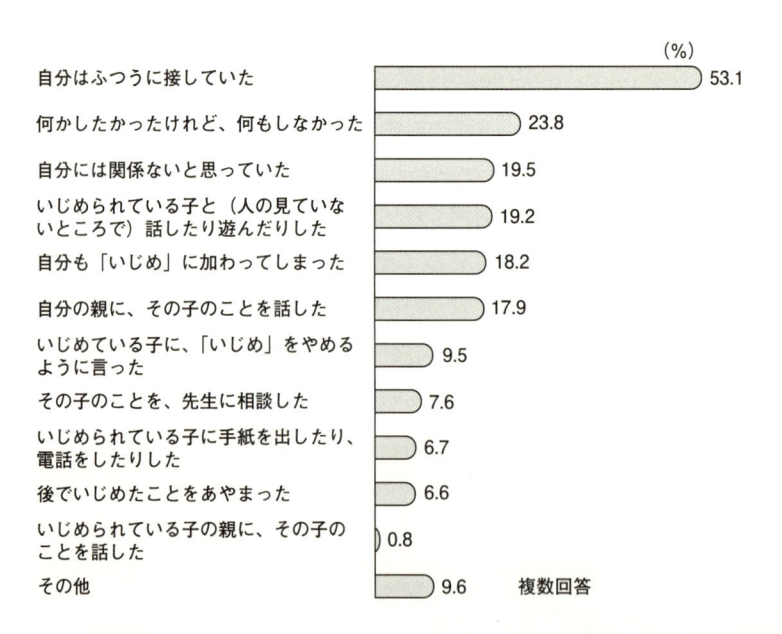

図 8-2　周囲でいじめがあったときの「いじめられていた子」に対しての行動

- 自分はふつうに接していた: 53.1
- 何かしたかったけれど、何もしなかった: 23.8
- 自分には関係ないと思っていた: 19.5
- いじめられている子と（人の見ていないところで）話したり遊んだりした: 19.2
- 自分も「いじめ」に加わってしまった: 18.2
- 自分の親に、その子のことを話した: 17.9
- いじめている子に、「いじめ」をやめるように言った: 9.5
- その子のことを、先生に相談した: 7.6
- いじめられている子に手紙を出したり、電話をしたりした: 6.7
- 後でいじめたことをあやまった: 6.6
- いじめられている子の親に、その子のことを話した: 0.8
- その他: 9.6

複数回答

（ベネッセ未来教育センター，2003）

現代社会の1つの特徴としてさまざまな境界の喪失が指摘されているが、非行の世界も同様であり、非行に対する罪悪感が希薄化する一方で、いじめになれた少年が容易に非行に踏み込んでいく。またいじめは転成変容し、たとえば、「プロレスごっこ」といういじめをやめさせたら、「物隠し遊び」といういじめを始めた。学校の片隅の「プロレスごっこ」が、瞬間的に陰湿な身体的いじめへと容易に変容するのである。何が、どれがいじめか判定がつきにくい。いじめの名の下で、暴力という犯罪行為の規範の境界・輪郭が曖昧になる。曖昧になればなるほど、規制されていたモノが容易に許容され、実行されることになるのである。

2　いじめを受けているときの状態

図8-3、図8-4はいじめを受けて一番辛かったときの状態とそのとき何をしていたかについての結果である。図8-5はいじめにあっているときの相談相手の結果である。いじめにあっているときは、心身共に強い反応が起こり、特に女子のほうが男子よりも「友だちを避けた」「孤独だった」「人がこわくなった」といった体験頻度が高い。これは女子は、関係への意識が高く、いじめにあうことが友人関係を遮断される傾向が高いことを示唆している。しかし、女子のほうが「友だちによく手紙を書いた」という体験頻度が男子よりも高く（図8-4）、相談相手では友だちに相談したという回答が男子よりはるかに多いのに対して（図8-5）、男子は辛かったときにしていたこととして「ゲームに熱中した」「テレビに熱中した」という体験頻度が女子よりも高いことが特徴である（図8-4）。いじめられたときの対処に関して、男女間の違いが表れており、女子の方が関係性の中で問題に対処する傾向があるといえよう。まさに関係の中で傷つき、関係の中で癒されるといった思春期・青年期の女子の関係指向性が示唆される結果となっている。

図8-6は相談したことによる事態の変化についてであるが、男子で多いのは「問題の解決に結びついた」「やや事態が好転した」「事態は変わらな

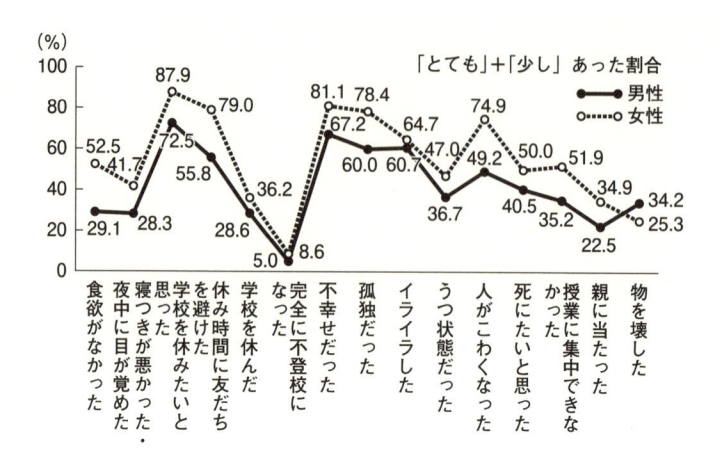

図8-3　一番辛かった「いじめ」のときの状態

（ベネッセ未来教育センター，2003）

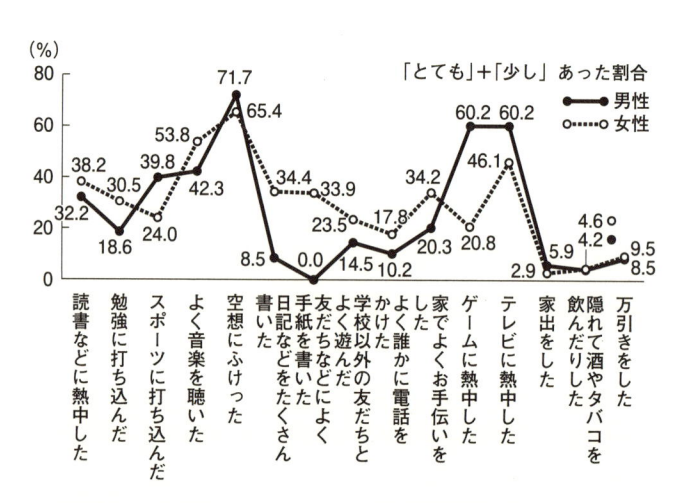

図8-4　一番辛かった「いじめ」のときにしていたこと

（ベネッセ未来教育センター，2003）

第8章 いじめへの対応　89

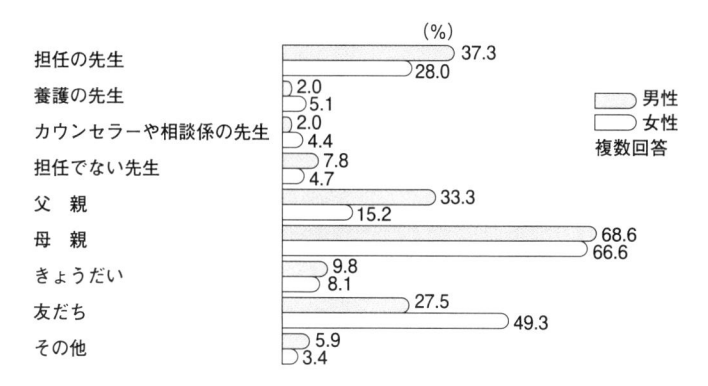

図8-5　いじめを受けているときの相談相手

相談相手	男性 (%)	女性 (%)
担任の先生	37.3	28.0
養護の先生	2.0	5.1
カウンセラーや相談係の先生	2.0	4.4
担任でない先生	7.8	4.7
父親	33.3	15.2
母親	68.6	66.6
きょうだい	9.8	8.1
友だち	27.5	49.3
その他	5.9	3.4

（複数回答）
（ベネッセ未来教育センター，2003）

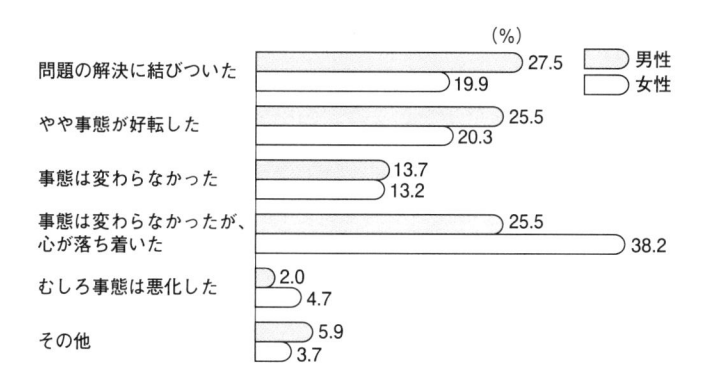

図8-6　相談したことで事態に変化があったか

変化	男性 (%)	女性 (%)
問題の解決に結びついた	27.5	19.9
やや事態が好転した	25.5	20.3
事態は変わらなかった	13.7	13.2
事態は変わらなかったが、心が落ち着いた	25.5	38.2
むしろ事態は悪化した	2.0	4.7
その他	5.9	3.7

（ベネッセ未来教育センター，2003）

かったが、心が落ち着いた」となっていて、それなりに相談がプラスに働いたことがわかる。女子では一番多いのは「事態が変わらなかったが心は落ち着いた」であり、男子、女子ともに、いじめられて辛い状況にあるとき相談にのってくれる人がいることが、「心の支え」になることがわかる。その他、「いじめ」を受けているとき、誰かに相談したかという問に対して、相談している割合は男子は42％、女子は63％という結果（ベネッセ未来教育センター，2003）もあり、総じて男子は女子と比べて対人的援助スキルが乏しいといえる。

3　いじめ対応の基本

まず、いじめ行為が表す本質的意味に立ち返って、それが傷害・心身の暴行、人間として恥ずべき侮蔑心、人権侵害行為であるという認識をもつことが大切である。「いじめは絶対に許さない」という立場から、学校、社会の中で、大人がとるべき道として、明確な倫理的規範、社会規範コードを再検討し、再構築する。

被害者である生徒の安全・安心が第一であり、まずは気持ちを聴き、生徒が安心し落ち着いてきたら、今後の方針を考える。性急に事態解決、犯人探し、クラス討論を考えたりしないことが重要である。さらに他の教員と協議して、介入の方法を決めること、当事者以外の教師の視点を確保しておくことなど、常に教職員の連携を図ることが大切である。具体的対応として、いじめられた生徒の心の傷を最小限で食い止めることを大切に対応を考えること、いじめた生徒との面接は別に設けることが定石であり、いじめられた生徒といじめた生徒の両方を呼んで、話し合いをして、仲直りさせるといったことは避ける。

(1) いじめられた生徒への対応の基本

相談を受けたなら、話をしてくれたことを労い、「いじめは絶対に許さない、あなたのことは絶対に守る」と基本姿勢を打ち出す。さらに以下の

ことへの配慮が大切である。

　　＊気持ちをじっくりと聴く。
　　＊無理に事件の詳細を聴き出そうと焦らない。
　　＊してほしいこと、してほしくないことをたずねて、今後の方針を明らかにしていく。
　　＊保護者に知らせるべきか否かも含めて、いじめられた生徒の了解をとってから動く。
　　＊いじめられる側は悪くないこと、悪いのはいじめる側であること、「いじめられるのはあなたにも責任が……」などとは絶対に言わないこと。

(2) いじめた生徒への指導

　情報源への十分な配慮を行いつつ、「いじめは絶対に許さない」という姿勢を前面に出すことが必要である。厳罰もやむをえない場合もあるが、どのような場合もいじめ行為を止めてからの指導が大切である。さらに以下のことへの配慮が大切である。

　　＊いじめ行為の具体的場面、行動を取り上げながら、いじめられた生徒への共感的理解を求める。
　　＊1対1で話を聴く。
　　＊相手の欠点を理由にして、いじめたことを正当化してくる場合、いじめた側の論理にのらない。
　　＊いじめとふざけの境界線は曖昧になる場合が多いので、「いじめ」という言葉を使わず、具体的な行為を問題にしていく。抽象的な話し合いに流れないようにする。

(3) クラス全体への指導

　ホームルームやPTA活動で「何がいじめなのか」を話し合い、子ども

と大人が共通認識をもつことや、いじめは誰でも被害者になる可能性があり、集団全体の問題としてとらえ、傍観者を減らす活動が大切である。みんなで共に考えようという姿勢を出して、いじめの事実を教師に伝えることは「チクリ」ではなく、いじめられている人を救う正しい行為であることを共有する。クラス指導として「ロール・プレイ」「心理劇」が有効とされる。

(4) 教師もクラスの一員という認識
クラスでの常態化したいじめ行為については、教師は第三者ではありえない。図8-7にあるように教師自身が結果的にいじめに荷担してしまっていると考えざるをえない集団構造を作っていることもあり、それは無意識のうちにいじめの加害者になる場合、いじめのきっかけを作る場合、いじめ加害者になっていたり、教師自身の中にある特定の生徒への排除、拒否の気持ちがあって、その気持ちが生徒たちにより増幅されている場合があったりする。自分が加害者であることに気づいていないので、いじめを止める側に回っても、自分がいじめの中核なので問題解決に寄与できないのである。

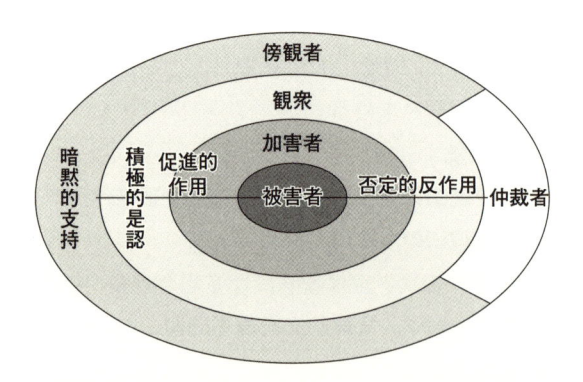

図8-7　いじめ集団の4層構造（森田, 清水1994を修正）

表 8-1　いじめの態様と兆候

●学校でのいじめの態様（一次的兆候）
　＊言葉での脅かしを受けている。＋＋
　＊ひやかしやからかいを受けている。＋＋
　＊持ち物を隠される、壊される。
　＊仲間はずれにされている。＋＋
　＊集団による無視されている。
　＊暴力を受けている。
　＊金品をたかられる。
　＊親切の押しつけ・お節介を受けている。
　＊その他　　　　　　　　　　　　　　　　　　　　　　（＋＋：多発）

●二次的兆候（学校）
　＊休み時間など、ひとりぼっちのことが多い。
　＊グループ、チームでの活動などで、メンバーに選ばれない。
　＊大人のそばにいたがる。
　＊自分の意見を言えず、不安、頼りなげ。
　＊悩みを持っていて、落ち込んでいて、涙もろく見える。
　＊成績が突然または徐々に低下する。

●二次的兆候（家庭）
　＊友達と一緒に遊ばなくなる。
　＊朝、学校へ行くのをこわがる。食欲がない。身体症状を訴える。
　＊学校の行き帰りに、いつもと違う道を選ぶ。
　＊寝ていて、嫌な夢を見て、安眠できない、泣く。
　＊元気がない、悲しそう、ふさぎ込み、癇癪、感情を爆発させる。
　＊家族からお金をせびったり、盗んだりする。

(5) 保護者への対応
①いじめられた生徒の保護者への対応

　まずは事情・状況の具体的で正確な説明が大切で、生徒の辛い気持ちを受容しつつ、解決のための具体的な方針の説明を行う。家庭との連携／協力を求める場合には、一緒に考えて、共同しようという姿勢、また学校で何ができるか、家庭で何ができるか一緒に話し合うスタンスが何より大切である。常に、ネットワークで支える援助を考えつつ、生徒、保護者の状態が安定してきたら、目標を共有し、目標に向けての自助努力を引き出す

工夫が必要である。その際、いじめた側との話し合いは急がないこと、学校として子どもを絶対に守ることを伝える。いじめられた生徒の欠点をあげつらうようなことは絶対に言ってはならない。学校を休ませたいといった要望がある場合は聞き入れていくのが良い。

②いじめた側の生徒の保護者への対応

事実を正確に伝えて、本人にも確認をとることがまず大切である。一方的に責めるのではなく、いじめられた生徒の気持ちをわかってほしいこと、なぜいじめをしたのか、そうしないためには今後どうすればいいのか、家庭の中で話し合える雰囲気づくりを求める。その場合、親の子育てに原因を求めたり、いじめられた側との直接の交渉を指導したりしないことが肝要で、家庭訪問を行うなどは、事情をよく知る他の教師とともに行うのが良い。

4　日常の関わりが基本ということ

以上のようにいじめ行為への具体的な対応を述べてきたが、予防的な意味も含めて、基本は日常の学校生活での教師と生徒との関わり、家庭での親子の関わりの中にあり、大人がいじめの兆候（表8-1）に敏感であること、小さなことであろうと、子どもの変化に気づくことが大切である。教師、あるいは親として「私があなたの……を見て心配だ、気になっている」という「私メッセージ」で声をかけるという大人側のアサーションが大切になるし、このことは学校内にとどまらず地域の人の見守りと声かけにも拡げていく必要がある。

引用文献

氏原寛、他編（1992）『心理臨床大事典』培風館。
太田信子、西岡有香、田畑友子（2000）『LD児サポートプログラム』日本文化科学社。
尾崎洋一郎、池田英俊、錦戸恵子、草野和子（2001）『ADHD及びその周辺の子ども達——特性に対する対応を考える』同成社。
Wolpe, J. 金久卓也監訳（1977）『逆制止による心理療法』誠信書房。
神田橋條治（1990）『精神療法面接のコツ』岩崎学術出版社。
鯨岡峻（1999）『関係発達論の構築』ミネルヴァ書房。
桑原知子（1999）『教室で生かすカウンセリング・マインド』日本評論社。
Gordon,T. 奥沢良雄、市川千秋、近藤千恵共訳（1985）『TET教師学——効果的な教師＝生徒関係の確立』小学館。
近藤直司編（2001）『ひきこもりケースの家族援助』金剛出版。
齋藤万比古（1999）「不登校だった子どもたちのその後」『こころの科学87』、81-87。
斎藤環（2002）『「ひきこもり」救出マニュアル』PHP研究所。
佐藤修策、黒田健次（1994）『あらためて登校拒否への教育的支援を考える』北大路書房。
清水賢二編（1999）『少年非行の世界』有斐閣選書。
菅野純（1995）『教師のためのカウンセリングゼミナール』実務教育出版。
菅野信夫（2002）「児童生徒の問題の理解と対応」『学校教育相談』ミネルヴァ書房。
ベネッセ未来教育センター編（2003）「いじめの残したもの」『モノグラフ小学生ナウ』vol. 23-2。
前田重治（1985）『図説 臨床精神分析学』誠信書房。
森田洋司、清水賢二（1994）『いじめ——教室の病い』金子書房。
文部科学省（2010）「教育相談」『文部科学省 生徒指導提要』。
吉川悟（1998）「協同的学校システムのあり方」宮田敬一編『学校におけるブリーフセラピー』第2部第1章、金剛出版。
吉川悟（2001）「学校現場でできる範囲の予防的介入」『近藤直司編 ひきこもりケースの家族援助』第Ⅳ部第6章、金剛出版。

参考図書／推薦図書

一丸藤太郎、菅野信夫編（2002）『学校教育相談』ミネルヴァ書房。
氏原寛、谷口正己、東山弘子編（1991）『学校カウンセリング』ミネルヴァ書房。
大石史博、西川隆蔵、中村義行編（2005）『発達臨床心理学ハンドブック』ナカニシヤ出版。

笠原嘉（1977）『青年期——精神病理学から』中公新書。
桑原知子（1999）『教室で生かすカウンセリング・マインド』日本評論社。
佐々木正美（1998）『子どもへのまなざし』福音館書店。
佐々木正美（2001）『続　子どもへのまなざし』福音館書店。
東山紘久、藪添隆一（1992）『システマティックアプローチによる　学校カウンセリングの実際』創元社。
福島章（1992）『青年期の心』講談社現代新書。
藤掛明（2002）『非行カウンセリング入門——背伸びと行動化を扱う心理臨床』金剛出版。
松原達哉編（1999-2000）『シリーズ学校カウンセリングと生徒指導』①-④、学事出版。
村瀬嘉代子、他編（2000）『教員養成のためのテキストシリーズ5　青年期の課題と支援』新曜社。
森下一（2000）『不登校児が教えてくれたもの』グラフ社。
森谷寛之、田中雄三編（2000）『生徒指導と心の教育　入門編』培風館。
諸富祥彦（1999）『学校現場で使えるカウンセリング・テクニック　上・下』誠信書房。

著者略歴

西川隆蔵（にしかわ　りゅうぞう）

1952 年生まれ
1973 年　関西学院大学文学部卒業
1979 年　関西学院大学大学院文学研究科 博士課程 退学
1994 年　文学博士
NTT 大阪中央健康管理所 心療内科臨床心理士を経て、
現在、帝塚山学院大学大学院　人間科学研究科教授

専　攻　　心理学（人格心理学・臨床心理学）

著　書　『パーソナリティの開放性──閉鎖性の研究』風間書房、1999 年。
　　　　『人格発達心理学』ナカニシヤ出版、2003 年（共編著）。
　　　　『発達臨床心理学ハンドブック』ナカニシヤ出版、2005 年（共編著）。
　　　　『現代社会と臨床心理学』金剛出版、2008 年（共編著）。

K.G. りぶれっと No. 36

教育相談基礎論　　学校での教育相談活動の方法と実際

2014 年 2 月 20 日　初版第一刷発行
2019 年 6 月 1 日　初版第二刷発行

著　　者　西川隆蔵
発 行 者　田村和彦
発 行 所　関西学院大学出版会
所 在 地　〒 662-0891
　　　　　兵庫県西宮市上ケ原一番町 1-155
電　　話　0798-53-7002
印　　刷　協和印刷株式会社

©2014 Ryuzo Nishikawa
Printed in Japan by Kwansei Gakuin University Press
ISBN 978-4-86283-153-8
乱丁・落丁本はお取り替えいたします。
本書の全部または一部を無断で複写・複製することを禁じます。

関西学院大学出版会「K・G・りぶれっと」発刊のことば

大学はいうまでもなく、時代の申し子である。

その意味で、大学が生き生きとした活力をいつももっていてほしいというのは、大学を構成するもの達だけではなく、広く一般社会の願いである。

研究、対話の成果である大学内の知的活動を広く社会に評価の場を求める行為が、社会へのさまざまなメッセージとなり、大学の活力のおおきな源泉になりうると信じている。

遅まきながら関西学院大学出版会を立ち上げたのもその一助になりたいためである。

ここに、広く学院内外に執筆者を求め、講義、ゼミ、実習その他授業全般に関するさまざまな補助教材、あるいは現代社会の諸問題を新たな切り口から解剖した論評などを、できるだけ平易に、かつさまざまな形式によって提供する場を設けることにした。

一冊、四万字を目安として発信されたものが、読み手を通して〈教え—学ぶ〉活動を活性化させ、社会の問題提起となり、時に読み手から発信者への反応を受けて、書き手が応答するなど、「知」の活性化の場となることを期待している。

多くの方々が相互行為としての「大学」をめざして、この場に参加されることを願っている。

二〇〇〇年　四月